校企合作物流管理专业精品教材

智慧物流设施与设备

主审　周晓燕

主编　曾　萍　金　云　王　科

内容提要

本书结合近年来物流行业的发展情况和物流技术的发展成果，系统、全面地介绍了智慧物流中常见的设施与设备，有助于学生了解物流行业前沿发展情况。本书共分为八个项目，具体包括智慧物流设施与设备概述、智慧运输设施与设备、智慧仓储设施与设备、智慧装卸搬运设备、集装箱专用设施与设备、智慧包装与流通加工设备、自动分拣与智能配送设备、物流信息技术与设备。

本书内容实用，体例新颖，图文并茂，具有实用性和指导性等特点，可作为各类院校现代物流管理专业及其他相关专业学生的教材。

图书在版编目（CIP）数据

智慧物流设施与设备 / 曾萍，金云，王科主编. -- 上海 : 上海交通大学出版社，2024.7

ISBN 978-7-313-29946-8

Ⅰ. ①智… Ⅱ. ①曾… ②金… ③王… Ⅲ. ①物流管理－设备管理－教材 Ⅳ. ①F252

中国国家版本馆 CIP 数据核字(2023)第 231287 号

智慧物流设施与设备

ZHIHUI WULIU SHESHI YU SHEBEI

主　　编：曾　萍　金　云　王　科

出版发行：上海交通大学出版社　　地　　址：上海市番禺路 951 号

邮政编码：200030　　电　　话：021-64071208

印　　制：三河市祥达印刷包装有限公司　　经　　销：全国新华书店

开　　本：787 mm×1092 mm　1/16　　印　　张：11.5

字　　数：265 千字

版　　次：2024 年 7 月第 1 版　　印　　次：2024 年 7 月第 1 次印刷

书　　号：ISBN 978-7-313-29946-8　　电子书号：ISBN 978-7-89424-483-3

定　　价：39.80 元

近年来，我国智慧物流发展速度不断加快，自动驾驶逐步从技术研发走向商业应用，港口自动化程度不断提高，智能分拣、无人配送等新业态蓬勃发展。这些变化都与物流设施与设备的智慧化、自动化息息相关。

《“十四五”现代物流发展规划》提出，要推进物流智慧化改造，深度应用第五代移动通信（5G）、大数据、人工智能等技术，分类推动物流基础设施改造升级，加快物联网相关设施建设，发展智慧物流枢纽、智慧物流园区、智慧仓储物流基地、智慧港口、数字仓库等新型物流基础设施，促进自动化、无人化、智慧化物流技术装备和自动感知、自动控制、智慧决策等智慧管理技术应用。

为了满足物流行业的发展需要，加快培育高质量复合型的物流人才，编者精心编写了本书。

具体来说，本书具有以下特色。

1．德智并举，全面育人

党的二十大报告指出：“育人的根本在于立德。”本书积极贯彻党的二十大精神，践行“价值塑造、能力培养、知识传授”三位一体的育人理念，在每个项目首页设有“素质目标”，明确提出素质要求，引导学生在学习理论知识的同时提高思想水平、政治觉悟、道德品质、文化素养；在正文中设有“科技之光”模块，通过介绍物流领域的前沿科技，加强学生对我国科学技术新发展的了解，引导学生培养创新意识和科研精神。

2．校企合作，权威实用

编者在编写本书的过程中考察了多家物流企业，实地观察这些企业所研制、使用的新型物流设施与设备的运行情况，并采访了多位物流工作人员，向他们咨询物流设施与设备的功能、使用方法等。此外，编者还收集、整理了许多与智慧物流设施与设备相关的数据、案例，并从中选出实用且具有代表性的内容，将其有机融入本书中。

在编写本书的过程中，编者参考了大量的国家标准、行业标准等，因此本书具有较强的指导性、权威性、实用性。

3．全新理念，易教易学

本书秉持“以学生为中心”的理念，注重让学生“在学中做，在做中学”。此外，本书采用项目任务式编写结构，将不同的知识模块分为不同的项目，每个项目分为任务、项

目自测和项目评价。

每个任务均由“任务导入”模块引入，通过具体的案例引出理论知识，让学生带着问题去学习，激发学生的学习兴趣。理论知识部分设有“经典案例”“提示”“活学活用”“视野拓展”“科技之光”等模块，以增强本书的实用性和趣味性。每个任务末尾设有“任务实施”模块，引导学生将所学知识应用于实践，培养其解决实际问题的能力。

“项目自测”模块设有与所属项目对应的练习题，学生可以在做题的过程中加深对所学知识的印象，巩固所学知识；“项目评价”模块设有与所属项目对应的项目评价表，通过项目评价，学生可以更直观地了解自己的学习情况。

4. 资源丰富，平台支撑

本书配有丰富的数字资源，读者既可以借助手机或其他移动设备扫描书中的二维码观看微课视频，也可以登录文旌综合教育平台“文旌课堂”查看和下载本书配套资源，如课件、教案、项目自测答案等。读者在阅读过程中有任何疑问，都可以登录该平台寻求帮助。

此外，本书还提供了在线题库，支持“教学作业，一键发布”，教师只需通过微信或“文旌课堂”App 扫描扉页二维码，即可迅速选题、一键发布、智能批改，并查看学生的作业分析报告，提高教学效率，提升教学体验。学生可在线完成作业，巩固所学知识，提高学习效率。

本书由周晓燕担任主审，曾萍、金云、王科担任主编，何军政、夏晓曦、孙玮铭、侯健英、李林芝、黄学娟、韩祥祚担任副主编。由于编者水平有限，书中难免存在疏漏或不妥之处，诚请广大读者批评指正。

特别说明：

（1）编者在编写过程中，参考了大量资料并引用了部分文章和图片等。大部分引用的资料已获授权，但由于部分资料来自网络，我们未能确认出处，也暂时无法联系到原作者。对此，我们深表歉意，并欢迎原作者随时与我们联系，我们将按规定支付酬劳。

（2）本书所选案例均来源于真实事件，但为了避免引起不必要的误会，部分人物使用了化名。

（3）本书没有注明资料来源的案例均为编者根据真实事件改编。

本书配套资源下载网址和联系方式

网址：https://www.wenjingketang.com

电话：400-117-9835

邮箱：book@wenjingketang.com

片头

目录

CONTENTS

项目一

智慧物流设施与设备概述

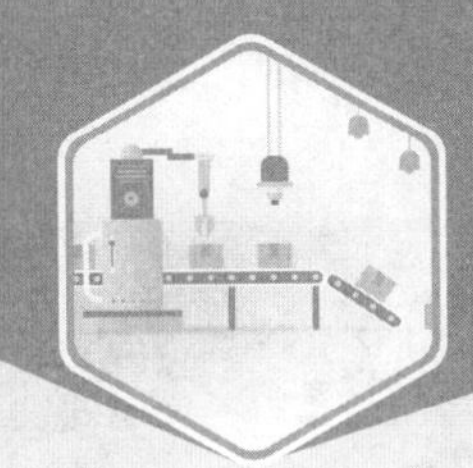

项目导读

近年来，我国物流行业发展十分迅速，各种先进的智慧物流设施与设备不断涌现并应用于各物流环节。这些智慧物流设施与设备具有高速化、通用化、专业化、自动化、智能化、成套化、系统化、绿色化等特点，对提高物流系统运行效率具有重要作用。

知识目标

- ✓ 熟悉物流设施与设备的类型。
- ✓ 认识物流设施与设备在物流系统中的地位。
- ✓ 认识智慧物流设施与设备的特点。
- ✓ 熟悉智慧物流设施与设备的选配原则。

素质目标

- ✓ 通过学习“时速达350千米的高速货运动车组正式下线”案例，明白“科学技术是第一生产力”的道理，培养创新意识和科研精神。

任务一 认识物流设施与设备

任务导入

时速达350千米的高速货运动车组正式下线

2020年12月23日，我国自主研制的时速达350千米的高速货运动车组在中车唐山机车车辆有限公司正式下线。该货运动车组具有中华鲟骨骼仿生形车头、银白红三色贯通的车身，如图1-1所示。

图1-1 时速达350千米的高速货运动车组

与其他货运列车相比，该货运动车组具有以下几个方面的优势：

（1）以我国时速达350千米高速动车组平台为基础，突破了多项轨道交通货运快速化关键技术，实现了大载重、大容积、快速装卸和货物在途管理。

（2）利用大数据分析、云端虚拟配载、精准重量控制等技术，实现了货物的智能配载和车辆负载的合理分配；利用无载波脉冲通信技术、移动数据网络、北斗卫星导航技术，实现了货物的精准识别和精确定位。

（3）具有运输时效性高、运营频次多、运输成本低、全天候运行等优势，可满足距离为600～1 500千米的中长途快速货运需求。

（4）该货运动车组的表面采用环保水性漆，使动车组的表面美观、易清理，且该漆对人体和环境无害。

（5）该货运动车组的车头设计采用仿生学原理，以中华鲟骨骼线形为特征，不仅可提升车辆的美观度，还可大幅降低车辆的运行阻力。

（资料来源：李沐霖，《世界首列时速350公里货运高速动车组正式下线》，国务院国有资产监督管理委员会官网，2020年12月24日）

请问：

（1）什么是物流设施与设备？

（2）案例中的货运动车组属于哪一类物流设施或设备？

一、物流设施与设备的类型

物流设施与设备是物流设施和物流设备的总称。物流设施是指物流活动所需的、不可移动的建筑物、构筑物及场所。物流设备是指物流活动所需的装备及器具的总称。

（一）物流设施

物流设施主要包括物流基础性设施和物流功能性设施两类。

1．物流基础性设施

物流基础性设施大多为公共设施，战略地位高，辐射范围广，是社会物流的基础，主要由政府投资建设。物流基础性设施主要包括交通枢纽、交通运输线和物流公共信息平台等要素，具体如表 1-1 所示。

表 1-1　物流基础性设施的要素

要　素	含　义	具体内容
交通枢纽	在一种或多种运输方式的干线交叉与衔接处，共同为办理货物中转、发送、到达所建设的多种运输设施的综合体	包括港口、机场、车站、仓库等设施，以及起重装卸、到发、中转、联运、编解、维修保养、物资供应、安全和导航等设施
交通运输线	由一种或多种运输方式输送货物的线路	包括公路干线、铁路干线、内河航线、国内航空线、输送管道等
物流公共信息平台	应用信息技术，统筹和整合物流行业相关信息资源，并向社会主体提供物流信息、技术、设备等资源共享服务的系统	包括通信系统、数据交换系统、射频识别系统、地理信息系统、全球导航卫星系统、专用数据库等

2．物流功能性设施

物流功能性设施是提供物流功能性服务的基本设施，是物流社会化服务的组成部分，往往由物流企业建设。物流功能性设施主要包括储存性节点和流通性节点等要素，具体如表 1-2 所示。

表 1-2　物流功能性设施的要素

要　素	含　义	具体内容
储存性节点	以储存货物为主要功能的节点	包括仓库、货栈等，货物在该节点上停留的时间较长
流通性节点	以实现货物在物流系统中流转为主要功能的节点	包括配送中心、流通中心、流通加工点等

（二）物流设备

按功能划分，物流设备可分为运输设备、仓储设备、装卸搬运设备、集装箱专用设备、包装设备、流通加工设备、自动拣选设备、智能配送设备和物流信息技术设备，具体如

表 1-3 所示。

表 1-3　物流设备的类型

类　型	含　义	具体内容
运输设备	用于长距离运输货物的设备	包括公路运输设备、铁路运输设备、水路运输设备、航空运输设备和管道运输设备等
仓储设备	在仓库中进行货物储存、盘点、保养、维护等各项作业及保障各项作业安全所需的设备	包括货架、托盘、计量设备、消防设备等
装卸搬运设备	用于升降、装卸和短距离运输货物的设备	包括装卸搬运车辆、起重设备、连续输送设备等
集装箱专用设备	利用集装箱进行货物运输、储存的设备	包括集装箱和集装箱作业设备
包装设备	用于完成货物包装作业的设备	包括充填机、灌装机、裹包机、封口机、贴标机、捆扎机等
流通加工设备	用于完成货物流通加工作业的设备	包括剪板机、切割机等
自动拣选设备	用于完成货物分拣作业的自动化设备	包括带式分拣机、托盘式分拣机、悬挂式分拣机等
智能配送设备	用于完成货物配送作业的智能化设备	包括无人机、无人配送车、智能签收设备等
物流信息技术设备	用于采集、传输、处理物流信息的设备	包括条码技术设备、射频识别技术设备、地理信息系统设备、全球卫星导航系统设备等

活学活用

某物流集团计划成立一家以开展生鲜物流业务为主的物流公司。你认为该物流公司应准备哪些物流设施与设备？

二、物流设施与设备在物流系统中的地位

物流系统是指由两个或两个以上的物流功能单元构成，以完成物流服务为目的的有机集合体。物流系统的构成要素包括人、财、物等一般要素，运输、仓储、装卸搬运等功能要素，法规、制度、标准等支撑要素，物流设施与设备等物质基础要素。其中，物流设施与设备是物流系统得以高效运行的前提，其地位可概括为以下四个方面。

（一）是物流系统运行的物质基础

物流设施与设备是构成物流系统的主要物质基础，对维持物流系统的正常运行具有重要作用。企业要想实现物流系统中的运输、仓储、装卸搬运、包装、流通加工、配送、信

息传输等环节的有机结合，提高物流系统的运行效率，就必须以完善的物流设施与设备为物质基础，科学、合理地配置和运用物流设施与设备。

（二）是物流系统的重要资产

在物流系统中，物流设施与设备的投资额在物流系统投资总额中的占比一般较高。政府主导建设交通运输线、交通枢纽等物流基础性设施需要投入巨额资金，物流企业建设仓库、配送中心等物流功能性设施和购买先进的物流设备也需要投入大量资金。因此，物流设施与设备自然就成为物流系统的重要资产。

（三）是物流各环节顺利进行的保证

在物流系统中，货物从供应地向接收地转移，要经过运输、仓储、装卸搬运、流通加工、配送等多个物流环节。每个环节都必须借助相关物流设施与设备才能顺利进行。货物必须依靠公路、铁路、港口等物流设施和汽车、火车、飞机、船舶等运输设备才能运达目的地；货物必须储存在安全、可靠的仓储设施中，并用货架、托盘等设备存放；等等。

（四）是体现物流技术水平的重要标志

物流设施与设备是随着物流技术的发展而不断改进的，物流技术的不断突破和物流新技术的广泛应用推动了物流设施与设备的创新与发展。许多应用了自动控制技术、计算机技术、现代通信技术等高新技术的物流设施与设备，成为体现物流技术水平的重要标志。拥有自动化、智能化的物流设施与设备的物流企业通常也会被认为具有较强的物流技术实力和较高的物流业务水平。

实地调查物流园区

1. 任务背景

物流园区是物流产业集聚区，具有货物仓储、转运等功能，一些综合型物流园区还具有流通加工和配送功能。物流园区内有许多现代化的物流设施与设备，常见的有仓库、货车、叉车、货架、自动分拣机等。

2. 实施步骤

（1）教师带领学生前往某物流园区进行实地调查。

（2）学生通过拍照、录像等手段，记录在实地调查过程中看到的物流设施与设备。

（3）学生选择某个物流设施或设备，通过咨询物流园区的工作人员或上网查资料，搜集该物流设施与设备的基本信息，并编写实地调查活动总结。

任务二 认识智慧物流设施与设备

任务导入

京东物流5G智能无人仓

在面积为几千平方米的京东物流5G智能无人仓（见图1-2）中，上百台穿梭车高速往复于各货架之间，准确地完成货物的存取作业；具有激光视觉混合导航功能的自主移动机器人（AMR）在仓库里按要求拣选货物……这一幕幕科技感十足的场景，已在5G等技术的助力下成为现实。

图1-2 京东物流5G智能无人仓

物流和供应链的智能化转型，成为大势所趋。京东物流5G智能无人仓，基于5G定制网，融合信息技术和人工智能技术，实现了仓储作业的柔性化和智能化。智慧物流设施与设备成为促进供应链变革的新引擎，对优化采购端、生产端、消费端等各个供应链环节，降低社会物流成本，提高服务效率等具有重要作用。

京东物流凭借长期的技术积累，在操作自动化、运营数字化、决策智能化领域持续探索，不断推进物流数字化发展。京东物流某负责人表示，未来，京东物流将继续携手更多合作伙伴，持续通过数字化、智能化和生态化实现供需协同，以技术连接数字经济和实体经济，为物流行业的数字化、智能化转型与高质量发展保驾护航。

（资料来源：《京东5G智能无人仓：5G赋能 扬帆未来》，
新浪财经，2021年12月14日）

请问：

（1）智慧物流设施与设备有哪些特点？

（2）在选配智慧物流设施与设备时，应遵循哪些原则？

一、智慧物流设施与设备的特点

与传统的物流设施与设备相比，智慧物流设施与设备具有高速化、通用化、专业化、自动化、智能化、成套化、系统化、绿色化等特点。

（一）高速化

借助5G、人工智能等先进技术，智慧物流设施与设备的运行速度、识别速度、运算速度、信息传递速度等大大加快，有利于提高物流作业的效率。例如，智慧仓库通过建立可靠的5G网络环境，使仓库内的智能设备可以实时采集信息和向控制终端反馈信息，从而实现对作业环境变化的快速识别和对作业流程的及时调整。

什么是智慧物流

（二）通用化和专业化

智慧物流设施与设备的通用化主要体现在多功能化和标准化两方面。多功能化是指单个智慧物流设施与设备可以同时满足企业对多种物流功能的需要。标准化主要是对智慧物流设施与设备的规格、质量、接口等进行统一（如对集装箱的尺寸进行规定），以提高智慧物流设施与设备的兼容性。

专业化是指智慧物流设施与设备由全行业通用向针对不同行业、由各场景通用向针对特定场景设计转变。例如，为了满足冷链运输的需要，物流设备制造商研发了新能源冷藏车。

（三）自动化和智能化

智能物流设施与设备一般可以自动完成相关作业任务，或根据作业要求，智能地调整作业方式或流程，高效地完成作业任务，如自动码垛机器人、自动导引车（AGV）等。

（四）成套化和系统化

企业可通过对智慧物流设施与设备进行匹配和组合，形成物流作业系统（如流通加工系统、生产搬运自动化系统、货物自动分拣与搬运系统等），并通过中央控制系统对该系统进行协调和控制，从而提高物流作业效率。

（五）绿色化

《“十四五”现代物流发展规划》中提出将绿色环保理念贯穿现代物流发展全链条，提升物流可持续发展能力。在政府的号召和引导下，一些物流设备制造商通过创新产品结构设计、应用先进的技术等手段，使智慧物流设施与设备的能源消耗量和污染物排放量大幅减少。此外，越来越多的物流企业开始推广使用“绿色”智慧物流设施与设备，如推广

什么是绿色物流

新能源货车在城市配送领域的应用，推广新能源叉车在仓储领域的应用等。

二、智慧物流设施与设备的选配原则

一般而言，智慧物流设施与设备的投资大、使用周期长，企业在选择和配置智慧物流设施与设备时，一定要进行科学决策和统一规划，从而在资金、技术条件有限的情况下使物流效率最高、经济效益最大。具体来说，在选配智慧物流设施与设备时，应遵循生产可行性原则、经济合理性原则、技术先进性原则。

（一）生产可行性原则

生产可行性原则可具体分为适用性原则、系统性原则、可靠性原则、安全性原则、多用性原则、环保性原则。

（1）适用性原则。企业所选配的智慧物流设施与设备应能满足物流作业的实际需要，如具备完成特定物流作业的必要功能，能满足物流作业在各方面的要求（如符合货物规格、适应作业环境等），操作灵活、方便等。此外，企业所选配的智慧物流设施与设备还应能满足自身长期发展的需要，避免频繁更换智慧物流设施与设备。

（2）系统性原则。企业应综合分析各个物流环节的特点，选配出与物流系统相适应，可在各物流环节之间配套使用，能实现物流系统整体效益最优的智慧物流设施与设备。

（3）可靠性原则。企业所选配的智慧物流设施与设备应具备可靠的物流作业能力，能够在规定的条件（如特定环境、特定时间段等）下顺利完成相应的物流作业任务，且不出现错漏或故障。

（4）安全性原则。企业在选配智慧物流设施与设备时，应确定智慧物流设施与设备具备自动控制功能、自动保护功能、错误操作防护和警示功能等，以保证物流作业过程中人员和货物的安全。

（5）多用性原则。企业在选配智慧物流设施与设备时，应优先选择具备多种功能、能进行多种作业任务、能适应多种作业环境的智慧物流设施与设备，以提高作业效率，减少资金投入。

（6）环保性原则。在满足功能需要和作业效率需要的条件下，企业应选配对环境污染较小的智慧物流设施与设备。

（二）经济合理性原则

智慧物流设施与设备的成本不仅包括建造成本、购置成本，还包括其在寿命期内的使用成本和维护成本。在多数情况下，智慧物流设施与设备的建造成本、购置成本与使用成本、维护成本往往存在“效益背反”关系。例如，性能好、能耗低、故障率低、维护成本低的智慧物流设备的价格必然高于性能差、能耗高、故障率高、维护成本高的智慧物流设备的价格。

提　示

“效益背反”是指系统内部的若干要素之间存在着损益矛盾，即在某种要素产生利益的同时，另一种或几种要素必然会发生利益损失。

在选配智慧物流设施与设备时，企业应综合考虑智慧物流设施与设备的建造成本、购置成本、使用成本、维护成本，事先做好成本分析和预算，选配经济合理的智慧物流设施与设备。

（三）技术先进性原则

企业所选配的智慧物流设施与设备应在技术性能、自动化程度、操作条件等方面具有先进性，且能满足企业未来发展的需要。

需要注意的是，在实际应用中，企业既要避免选配技术落后的智慧物流设施与设备，也要避免因过分追求技术的先进性而购置与物流作业实际需要不相符的智慧物流设施与设备。

活学活用

分析下列情境中分别体现的智慧物流设施与设备的选配原则：

（1）D 物流中心选配智能叉车时，要求智能叉车便于装卸搬运，且占地面积小。

（2）E 物流企业采购了一批自动包装机，该自动包装机既能自动打印、粘贴发货单，又能自动对包装袋进行开口和封装。

（3）某快递公司计划购买一批配送车。汽车厂为该快递公司提供了两种配送车：一种是性能好的无人配送车，但是价格较高；另一种是性能一般的普通配送车，但是价格便宜。该快递公司综合考虑后，选择了第二种配送车。

（4）Y 配送中心新购入了一批先进的一体化自动分拣机。

任务实施

开展辩论赛

1．任务背景

请以“企业在选配智慧物流设施与设备时，应优先遵循经济合理性原则还是技术先进性原则”为辩题，开展辩论赛。

（1）正方观点：企业应优先遵循经济合理性原则，选择建造成本、购置成本、使用成本、维护成本较低的智慧物流设施与设备，不购置超出预算的智慧物流设施与设备。

（2）反方观点：企业应优先遵循技术先进性原则，选择技术先进且符合物流作业实际需要的智慧物流设施与设备，可为了购置先进的智慧物流设施与设备而增加预算。

2. 实施步骤

（1）全班同学选出1名主持人、3名评委，剩下的同学分为2组，每组选出4人作为辩手。

（2）各小组积极收集相关资料，各辩手积极练习。

（3）开展辩论赛，主持人做好主持工作，评委做好点评工作。

（4）教师对辩论赛进行总结。

1. 填空题

（1）__________是指由一种或多种运输方式输送货物的线路。

（2）按功能划分，物流设备可分为__________、__________、装卸搬运设备、集装箱专用设备、__________、流通加工设备、自动拣选设备、智能配送设备和物流信息技术设备。

（3）根据生产可行性原则中的__________原则，企业在选配智慧物流设施与设备时，应确定智慧物流设施与设备具备自动控制功能、自动保护功能、错误操作防护和警示功能等，以保证物流作业过程中人员和货物的安全。

2. 选择题

（1）下列选项中，不属于物流基础性设施构成要素的是（　　）。

A. 交通枢纽　　B. 交通运输线

C. 中转仓库　　D. 物流公共信息平台

（2）企业要想实现物流系统中的运输、仓储、装卸搬运、包装、流通加工、配送、信息传输等环节的有机结合，提高物流系统的运行效率，就必须以完善的物流设施与设备为物质基础，科学、合理地配置和运用物流设施与设备。这体现了物流设施与设备是（　　）。

A. 物流系统运行的物质基础

B. 物流系统的重要资产

C. 物流各环节顺利进行的保证

D. 体现物流技术水平的重要标志

（3）企业所选配的智慧物流设施与设备应具备可靠的物流作业能力，能够在规定的条件（如特定环境、特定时间段等）下顺利完成相应的物流作业任务，且不出现错漏或故障。这体现了生产可行性原则中的（　　）。

A．适用性原则　　B．系统性原则

C．可靠性原则　　D．安全性原则

（4）智慧物流设施与设备由全行业通用向针对不同行业、由各场景通用向针对特定场景设计转变。这体现了智慧物流设施与设备的（　　）特点。

A．大型化　　B．专业化

C．自动化　　D．系统化

3．判断题

（1）储存性节点是指以实现货物在物流系统中流转为主要功能的节点。（　　）

（2）推广新能源货车在城市配送领域的应用，主要体现了智慧物流设施与设备的绿色化特点。（　　）

（3）物流企业在任何情况下都应选配技术先进的智慧物流设施与设备。（　　）

4．简答题

（1）简述物流设施的类型。

（2）简述智慧物流设施与设备的特点。

（3）简述智慧物流设施与设备选配的经济合理性原则。

项目评价

进行项目评价，并将评价结果填入表 1-4 中。

表 1-4　项目评价表

<table>
<tr><td>班　级</td><td></td><td>姓　名</td><td></td><td>学　号</td><td colspan="2"></td></tr>
<tr><td rowspan="2">评价项目</td><td colspan="3" rowspan="2">评价内容</td><td rowspan="2">分　值</td><td colspan="2">评　分</td></tr>
<tr><td>自我评分</td><td>教师评分</td></tr>
<tr><td rowspan="4">知识
（40%）</td><td colspan="3">物流设施与设备的类型</td><td>8</td><td></td><td></td></tr>
<tr><td colspan="3">物流设施与设备在物流系统中的地位</td><td>8</td><td></td><td></td></tr>
<tr><td colspan="3">智慧物流设施与设备的特点</td><td>12</td><td></td><td></td></tr>
<tr><td colspan="3">智慧物流设施与设备的选配原则</td><td>12</td><td></td><td></td></tr>
<tr><td rowspan="4">技能
（40%）</td><td colspan="3">能够区分不同类型的物流设施与设备</td><td>10</td><td></td><td></td></tr>
<tr><td colspan="3">能够编写实地调查活动总结</td><td>10</td><td></td><td></td></tr>
<tr><td colspan="3">能够清楚地阐述智慧物流设施与设备的特点</td><td>10</td><td></td><td></td></tr>
<tr><td colspan="3">能够顺利完成辩论赛</td><td>10</td><td></td><td></td></tr>
<tr><td rowspan="3">素养
（20%）</td><td colspan="3">学习态度良好，遵守课堂纪律</td><td>10</td><td></td><td></td></tr>
<tr><td colspan="3">具有团队精神</td><td>5</td><td></td><td></td></tr>
<tr><td colspan="3">培养创新意识和科研精神</td><td>5</td><td></td><td></td></tr>
<tr><td colspan="4">合计</td><td>100</td><td></td><td></td></tr>
<tr><td colspan="4">总分（自我评分×40%+教师评分×60%）</td><td colspan="3"></td></tr>
<tr><td>自我评价</td><td colspan="6"></td></tr>
<tr><td>教师评价</td><td colspan="6"></td></tr>
</table>

项目二

智慧运输设施与设备

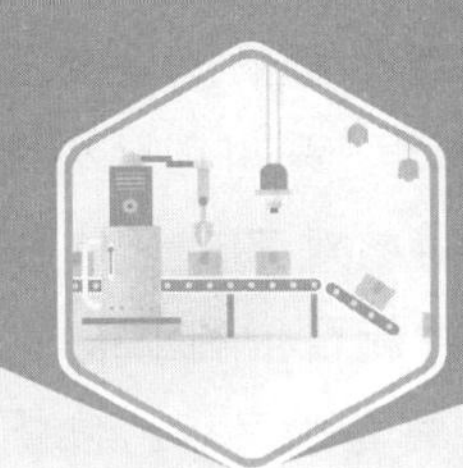

项目导读

运输是物流的重要环节之一，常见的运输设施有公路、汽车货运站、铁路线路、铁路车站、港口、机场、输油站、输气站等，常见的运输设备有货车、铁路机车、船舶、飞机、输油管道、输气管道等。在实际物流工作中，企业需要根据货物特性、运输要求等综合选配合适的运输设施与设备，以提高运输效率。

知识目标

- ✓ 掌握公路的等级划分和组成部分、汽车货运站的类型和布局原则、货车的类型。
- ✓ 掌握铁路线路的组成部分和类型、铁路车站与铁路信号设备、铁路机车与铁路车辆。
- ✓ 熟悉港口设施、港口的类型和常见的船舶。
- ✓ 了解机场设施、机场的类型、飞机的组成部分、飞机的类型。
- ✓ 了解油品管道运输设施与设备、天然气管道运输设施与设备、固体浆液管道运输设施与设备。

素质目标

- ✓ 通过学习"'三乌'中蒙俄公路物流通道正式开通运营"案例，明白开放是国家繁荣发展的必由之路，树立开放发展理念。
- ✓ 通过学习"长沙出台《关于加快推广新能源货车的实施意见》"案例，体会政府在科技和行业发展过程中的引导作用，增强对国家的归属感。

任务一　掌握公路运输设施与设备

任务导入

“三乌”中蒙俄公路物流通道正式开通运营

2023 年 3 月 28 日，两辆满载 40 吨精制葵花油的俄籍冷藏运输车抵达乌兰察布市，这标志着乌兰察布—乌兰巴托—乌兰乌德公路物流通道正式开通运营。

此次开通的“三乌”中蒙俄公路物流通道，采用国际公路运输系统（TIR）跨境公路货物运输方式（即货物通关时，海关仅需核对 TIR 证信息、检查运载单元的海关关封，无须进行开箱检查），货车在俄罗斯的新西伯利亚装车发运，途经恰克图口岸过境蒙古国，并经二连浩特口岸入境我国直达乌兰察布。依托 TIR 跨境公路货物运输方式和“三乌”中蒙俄公路物流通道，货车从乌兰察布出发，一天可达蒙古国的乌兰巴托，两天可达俄罗斯的乌兰乌德，大大提高了中、蒙、俄三国跨境物流运输的效率。

一直以来，乌兰察布市以“通道+集散+网络”的模式，建设乌兰察布—二连浩特陆港口岸联动型国家物流枢纽。此次开通并运营“三乌”中蒙俄公路物流通道，将推进乌兰察布市融入中蒙俄经济走廊国际物流体系，促进商贸物流国内国际双循环。“下一步，乌兰察布市将加强‘三乌’中蒙俄公路物流通道基础设施建设，打造高能级对外开放和经贸合作大平台，加快建设国家向北开放的重要桥头堡。”乌兰察布市商务局相关负责人表示。

（资料来源：高慧，《“三乌”中蒙俄公路物流通道正式开通运营》，央广网，2023 年 4 月 1 日）

请问：

（1）“三乌”中蒙俄公路物流通道属于什么等级的公路？

（2）公路运输中，货车的类型有哪些？

一、公路

公路（见图 2-1）是指连接各城镇、乡村和工矿基地，主要供汽车行驶的道路，是陆路运输中最基本的物流设施。公路网一般比铁路网、水路网更密集。

图 2-1　公　路

（一）公路的等级划分

1．按技术等级划分

按技术等级划分，公路可分为高速公路、一级公路、二级公路、三级公路、四级公路。其中，高速公路以外的其他公路称为普通公路。

（1）高速公路是指供汽车分方向、分车道行驶，且全部控制出入的多车道公路。高速公路是通行效率最高的公路，其年平均日设计交通量一般在 15 000 辆小客车以上。

提　示

年平均日设计交通量是指在规划道路时预测和设计的年平均日交通量。年平均日交通量是指全年日交通量观测结果的平均值，即用一年内的交通量总数除以一年的总天数所得的数值。

（2）一级公路是指供汽车分方向、分车道行驶，可根据需要控制出入的多车道公路。一级公路具有通行速度快、运量大等特点，其年平均日设计交通量一般在 15 000 辆小客车以上。

（3）二级公路是指供汽车行驶的双车道公路，其年平均日设计交通量一般为 5 000～15 000 辆小客车。

（4）三级公路是指供汽车、非汽车交通混合行驶的双车道公路，其年平均日设计交通量一般为 2 000～6 000 辆小客车。

（5）四级公路是指供汽车、非汽车交通混合行驶的双车道或单车道公路。双车道四级公路的年平均日设计交通量一般在2 000辆小客车以下，单车道四级公路的年平均日设计交通量一般在400辆小客车以下。

2．按行政等级划分

按行政等级划分，公路可分为国道、省道、县道、乡道、村道、专用公路。不同行政等级的公路的等级字母标识符不同。

（1）国道又称国家干线公路，是指在国家公路网中，具有全国性政治、经济、国防意义的干线公路，包括重要的国际公路、国防公路，连接首都与各省省会、自治区首府和直辖市的公路，连接各大经济中心、港站枢纽、商品生产基地和战略要地的公路。国道的行政等级字母标识符为“G”。

（2）省道又称省干线公路，是指在省公路网中，具有全省性政治、经济、国防意义的干线公路。省道的行政等级字母标识符为“S”。

（3）县道是指具有全县性的政治、经济意义，连接县城和县内主要乡（镇），以及县区内主要商品生产地和集散地的公路。县道的行政等级字母标识符为“X”。

（4）乡道是指主要为乡（镇）经济、文化、行政服务的公路，以及除国道、省道和县道之外的乡（镇）与外部联络的公路。乡道的行政等级字母标识符为“Y”。

（5）村道是指直接为农村生产、生活服务，不属于乡道及以上公路的建制村与外部联络的主要公路。村道的行政等级字母标识符为“C”。

（6）专用公路是指专供或主要供厂矿、林区、农场、油田、旅游区、军事要地等与外部联络的公路。专用公路由专用单位负责修建、养护和管理。专用公路的行政等级字母标识符为“Z”。

活学活用

从市中心到乡村的公路线路，可能有哪几类公路？

（二）公路的组成部分

公路主要由路基、桥涵、隧道组成。

（1）路基是指按照线路位置和一定技术要求修筑的作为路面基础的带状构造物。路面是指用各种筑路材料铺筑在道路路基上直接承受车辆荷载的层状构造物。

（2）桥涵。桥涵是指为道路跨越天然或人工障碍物而修建的建筑物或构筑物。桥涵包括桥梁（见图2-2）和涵洞。按桥跨结构的建筑材料划分，桥梁可分为钢桥、钢筋混凝土桥、预应力混凝土桥、石桥等。

图 2-2 桥 梁

提 示

桥跨结构是指梁桥支座以上或拱桥起拱线以上，跨越桥孔的结构。

（3）隧道。隧道是指建造在山岭、河道、海峡和城市地面以下的地下工程结构物，如图 2-3 所示。按隧道的长短划分，隧道可分为特长隧道（全长 10 000 米以上）、长隧道（全长 3 000～10 000 米，含 10 000 米）、中长隧道（全长 500～3 000 米，含 3 000 米）、短隧道（全长 500 米及以下）。

图 2-3 隧 道

二、汽车货运站

汽车货运站（见图 2-4）是公路货运网络的重要节点，是指专门办理货物运输业务的汽车站。汽车货运站主要具有组织运输、中转换装、装卸仓储、多式联运、运输代理、通信服务、后勤服务等功能。

图 2-4　汽车货运站

（一）汽车货运站的类型

1. 整车货运站

整车货运站是指专门办理大批货物运输业务的汽车货运站。整车货运站主要经办整车运输业务，兼营零担运输业务，通常设有货车维护设施、储存和分拣设备、物流信息管理系统等。

提　示

整车运输是指托运货物按其重量、体积、形状，需要单独使用一辆货车装载的运输。整车运输具有作业环节少、运力周转速度快、单位运输成本较低等特点。

零担运输是指托运货物按其重量、体积、形状，不需要单独使用一辆货车装载的运输。零担运输具有货物批量小、品种多、到站分散、作业环节多、单位运输成本较高等特点。

2. 零担货运站

零担货运站是指专门办理零担运输业务的汽车货运站，主要业务有组织零担货物的集散、中转和配送等。零担货运站一般位于城市周边或交通枢纽地区，以便运输和配送。

零担货运站的主要生产设施包括办公设施、仓库（货棚）、装卸场和其他生产辅助设施。

3. 集装箱货运站

集装箱货运站是指主要承担集装箱中转运输任务的汽车货运站。其主要业务包括以下几类。

（1）集装箱“门到门”运输与中转运输。

（2）集装箱货物的拆箱、装箱、仓储、接取、送达。

（3）集装箱、运输车辆、装卸机械等各类设备的检查、清洗、消毒、维修。

（4）为货主代办报关、报检等货运代理业务。

（二）汽车货运站的布局原则

汽车货运站的布局一般应遵循以下原则。

（1）根据汽车货运站的功能、生产规模和实际业务情况，合理设置仓库、装卸场、停车场等的位置。

（2）改造、利用现有的设施与设备，减少占地面积，节约投资。

（3）按货运业务不同，在汽车货运站内设置相应的功能区，并根据各功能区的特性进行布局，如将危险货物存放区与一般货物存放区分隔开。

（4）合理规划站内汽车货运线路，使站内的车流、货流、客流通畅。

（5）符合国家和当地政府在安全、环保等方面的规定。

三、货车

货车是指载运货物的汽车，是完成公路运输任务的主要物流设备。货车一般可分为普通货车、多用途货车、牵引车、专用货车等。

（一）普通货车

普通货车是指一种以敞开或封闭载货空间运载货物的货车。常见的普通货车主要有厢式货车、平板货车等。

厢式货车（见图 2-5）是指载货部位的车体结构为封闭厢体且与驾驶室各自独立的货车，具有机动灵活、操作方便、防雨防尘、安全可靠等优点。常见的厢式货车有冷藏车、保温车等。

图 2-5　厢式货车

平板货车（见图 2-6）是指载货部位为平板结构且无栏板的货车，具有装载量大、耐用、易于装卸等特点。

图 2-6　平板货车

（二）多用途货车

根据《机动车运行安全技术条件》（GB 7258—2017）中的定义，多用途货车（见图 2-7）是指具有长头车身和驾驶室结构、核定乘坐人数小于或等于 5 人（含驾驶人）、驾驶室高度小于或等于 2 100 毫米、货箱栏板上端离地高度小于或等于 1 500 毫米、最大设计总质量小于或等于 3 500 千克的货车。多用途货车又称皮卡车，兼具客运和货运功能，驾驶舒适性好，能适应复杂路况。

图 2-7　多用途货车

（三）牵引车

牵引车是用车头驱动，拖着挂车行驶的货车。按连接方式划分，牵引车可分为半挂牵引车和全挂牵引车。

半挂牵引车（见图 2-8）将挂车的前半部分搭在车头后段的牵引鞍座上，车头在拖着挂车行驶的同时还要承受挂车的部分重量。全挂牵引车将车头的后端连接挂车的前端，车头只提供向前的拉力，拖着挂车行驶，不承受挂车的重量。

半挂牵引车
和全挂牵引车的区别

图 2-8　半挂牵引车

（四）专用货车

专用货车是指用于运输特殊货物的货车，如罐式运输车、车辆运输车、集装箱运输车等。

罐式运输车（见图 2-9）是指装备有罐状容器的专用运输汽车。常见的罐式运输车有爆炸品罐式运输车、易燃液体罐式运输车、毒性气体罐式运输车、放射性物品罐式运输车、腐蚀性物品罐式运输车等。

图 2-9　罐式运输车

车辆运输车（见图 2-10）是指装备有装运和固定车辆的货台及供车辆上、下的跳板，用于运输车辆的专用运输汽车。

图 2-10　车辆运输车

集装箱运输车是指装备有框架式货台，货台上设有旋转式夹紧装置，用于运输集装箱的专用运输汽车。

视野拓展

长沙市出台《关于加快推广新能源货车的实施意见》

2022 年 11 月，长沙市发展改革委、市科技局、市工业和信息化局等多部门联合印发《关于加快推广新能源货车的实施意见》，从加快推广新能源货车、优化新能源货车路权、提升新能源货车市场竞争力、完善新能源货车配套设施建设等方面进行了部署，以推广新能源货车在物流领域的应用。

（1）在加快推广新能源货车方面，提出市本级及以下城管、环卫部门更换垃圾清运车辆时原则上采用新能源货车；鼓励建筑垃圾清运企业置换或购买新能源渣土车，公安部门依法依规为新能源渣土车提供通行便利。

（2）在优化新能源货车路权方面，提出依法依规放开微、轻型纯电动载货汽车路权，有针对性地优化中、重型纯电动载货汽车禁行区域和时段等。

（3）在提升新能源货车市场竞争力方面，提出鼓励新能源货车生产企业加大研发投入，加快突破核心技术，提升市场竞争力等。

（4）在完善新能源货车配套设施建设方面，提出保证充电桩、换电站等配套设施建设与新能源货车使用相匹配；大力引入社会资本参与充电桩、换电站等配套设施建设与运营。

（资料来源：吴鑫矾，《长沙出台〈关于加快推广新能源货车的实施意见〉，12 月 8 日起施行》，央广网，2022 年 11 月 18 日）

模拟选择公路运输设施与设备

1．任务背景

假设自己是某物流企业的一名司机，需要通过公路将一批货物从一个地方运到另一个地方，请做好出行规划，确定合适的货车、线路和经停的汽车货运站。可选择的货物、始发地、目的地如下：

（1）货物：铁矿石、服装、蔬菜、水果、手机、小轿车。

（2）始发地：武汉、郑州、西安、合肥。

（3）目的地：长沙、南昌、重庆、南京。

2．实施步骤

（1）选择货物、始发地、目的地。

（2）根据货物的特点、始发地与目的地的距离，选择合适的货车，并合理规划线路。

（3）查询在货运途中可能经过的汽车货运站，规划在哪些汽车货运站进行补给和修整。

任务二　掌握铁路运输设施与设备

满洲里铁路口岸进出口货运量实现首季开门红

2023年一季度，满洲里铁路口岸进出口货运量为473.38万吨，同比增加160.36万吨，增幅达51.2%。其中，进口货运量增幅为69.6%。

满洲里铁路口岸作为中俄边境最大的陆路口岸站，近年来进出口货运量明显增加。煤炭、木材、化肥等重点物资，经这里进口换装后发往全国各地，这对畅通国内国际双循环、稳定产业链和供应链具有重要作用。

为进一步提高进出口货物在口岸站的换装效率和运输效率，满洲里铁路口岸不断优化运输组织流程，充分释放运输潜能，合理安排每日作业计划，压缩取送车时间，加快车辆周转。“为保证进口煤炭能够快卸快装、快速发运，满洲里铁路口岸统筹人员、机械，每天组织近80人和30台吊车进行换装作业，日均装卸煤炭1万多吨。”满洲里铁路口岸某车间装货值班员介绍。

满洲里铁路口岸还积极打造24小时服务窗口，保证商贸企业和代理服务企业在办理进出口业务时能够随到随办、随办随走。此外，满洲里铁路口岸还与海关、边防检查机关等建立沟通机制，定期召开协调分析会，利用铁路95306“数字口岸”系统，实现联运信息网上共享，加快货物通关速度，确保进出口货物运输高效、顺畅。

（资料来源：刘德才、黄旭，《满洲里铁路口岸进出口运量实现首季开门红》，中国新闻网，2023年4月3日）

请问：

（1）满洲里铁路口岸属于哪一类铁路车站？

（2）常见的铁路车辆类型有哪些？

一、铁路线路

铁路线路是指由路基、轨道、桥涵、隧道及其他建筑物构成，供列车按规定速度行驶的铁路线。

（一）铁路线路的组成部分

由定义可知，铁路线路由路基、轨道、桥涵、隧道等部分组成，以下主要介绍路基和轨道。

（1）路基。路基是指经开挖或填筑而形成的直接支承轨道结构的土工结构物，是承受轨道和列车载荷的基础建筑物。常见的路基形式有路堤、路堑、半堤半堑三种。

（2）轨道。轨道是指由钢轨、配件、扣件、道岔及轨下基础等组成的工程结构，用于承受列车的压力，供列车通行，如图2-11所示。

图2-11　轨　道

（二）铁路线路的类型

（1）按轨距划分，铁路线路可分为标准轨距铁路、窄轨铁路、宽轨铁路。其中，标准轨距铁路在直线地段的轨距为 1 435 毫米，窄轨铁路在直线地段的轨距小于 1 435 毫米，宽轨铁路在直线地段的轨距大于 1 435 毫米。

（2）按用途划分，铁路线路可分为干线、支线、正线。其中，干线是指构成国家铁路网的主要线路，为全国或地区（或经济区）之间客货运输的主要通道，具有重要的政治、经济和国防意义。支线是指由干线分出的主要为地区运输服务的铁路。正线是指连接并贯穿或直股伸入车站的铁路。

提 示

在道岔处，笔直的轨道称为直股，弯曲的轨道称为曲股。

二、铁路车站与铁路信号设备

（一）铁路车站

铁路车站是指办理列车通过、到发、列车技术作业及客货运业务的分界点。铁路车站主要包括中间站、区段站、编组站和交接站。

1. 中间站

中间站是指办理列车的通过、交会、越行、客货运业务等的车站。

提 示

越行是指先到的列车在车站停车，等待后一辆同方向的列车通过本站或到达本站停车后再行驶。

2. 区段站

区段站是指办理区段内列车解体、编组、摘挂，以及货物中转运输、更换机车、机车乘务组换班等业务的车站。

3. 编组站

编组站（见图 2-12）是指设于铁路汇集的枢纽地区，承担列车解体、编组和办理通过等作业，并设有机务段和车辆段的车站。

图 2-12　编组站

编组站可分为路网性编组站、区域性编组站和地方性编组站。

（1）路网性编组站是指位于主要铁路干线的汇合点，进行各线间车流和大量远程直达车流改编作业的编组站。

（2）区域性编组站是指位于铁路干线的汇合点，主要进行一定区域范围内各线间车流改编作业，兼办部分远程直达车流改编作业的编组站。

（3）地方性编组站是指位于铁路干线与支线交汇点，或大宗车流集散的港口、工业区，进行中转和地方车流改编作业的编组站。

经典案例

阜阳北站单日办理货物列车数量创新高

2022 年 11 月 25 日，阜阳北编组站到达货物列车 289 列、发出 264 列、解体 112 列、编组 105 列，单日办理货物列车数量超 2.8 万列，创建站以来的历史新高。

阜阳北编组站地处京九铁路的中部“咽喉”地带，衔接京九、青阜、漯阜、阜淮、阜六 5 条铁路线路，是全国特大型路网性编组站，承担着运输大宗物资货物列车的解编运输重任。

在确保货运安全、畅通的基础上，阜阳北编组站不断优化运输结构，以日班计划为核心，严格把控列车到站、解体、编组、发车、取送、挂运等作业环节，充分利用运力资源，提高运输效率，释放枢纽能力。

（资料来源：张续亮、张强，《京九铁路最大编组站阜阳北站日办理辆数创新高》，中国新闻网，2022 年 11 月 26 日）

4. 交接站

交接站是指国家铁路与铁路专用线或地方铁路办理车辆、货物交接作业的车站。按交接作业的类型划分，交接站可分为客货运站、客运站、货运站。

（二）铁路信号设备

铁路信号设备主要包括信号机、表示器、区间信号标志牌等。

（1）信号机（见图 2-13）是指用于表示固定信号的机具。信号机主要用于提醒、引导列车司机按要求完成列车驶入、驶出、通过、停止等操作。常见的信号机有进站信号机、进路信号机、出站信号机、通过信号机等。

图 2-13 信号机

（2）表示器是指对列车司机传达行车（或调车）意图或对信号进行某些补充说明所用的器具。常见的表示器有进路表示器、发车表示器等。其中，进路表示器用于指示出站列车运行方向或线路，发车表示器用于通知列车司机发车。

（3）区间信号标志牌是指设于区间的各种信号标志牌。常见的区间信号标志牌有反向区间停车位置标志牌、反向容许信号标志牌、区间轨道电路分隔点调谐区标志牌等。

三、铁路机车与铁路车辆

（一）铁路机车

铁路机车是指牵引铁路车辆的基本动力设备。按动力划分，铁路机车可分为蒸汽机车、内燃机车（见图 2-14）、电力机车（见图 2-15）。目前，我国铁路货运中使用的机车以内燃机车和电力机车为主。

图 2-14　内燃机车

图 2-15　电力机车

（二）铁路车辆

铁路车辆是指在铁路轨道上用于运输旅客、货物和为此服务或原则上编组在旅客列车、货物列车中使用的单元载运工具。

按用途划分，铁路车辆可分为客车和货车。其中，货车可进一步分为通用货车和专用货车。

1. 通用货车

常见的通用货车包括敞车、平车、棚车、罐车、保温车等。

（1）敞车（见图 2-16）是指不设车顶，车底为平底或浴盆（单浴盆或双浴盆）型，供运输各种无须严格防止受潮、暴晒的货物的列车。通常，其端墙和侧墙的高度在 0.8 米以上。敞车主要用于运输矿石、木材、钢材等大宗货物或一些机械设备。

图 2-16　敞　车

（2）平车（见图 2-17）是指底架承载面为一平面，通常两侧设有柱插，有些还设有可活动向下翻倒的端门和侧门的列车。平车主要用于运输钢材、木材、汽车、机械设备等体积较大或较重的货物，也可用于运输超宽、超长的货物。

图 2-17　平　车

（3）棚车（见图 2-18）是指设有车顶和门、窗（或通风口），可防止雨水进入，供运输各种须防止受潮、暴晒或散失的货物的列车。按结构划分，棚车可分为活顶棚车、活墙棚车等。

（4）罐车（见图 2-19）是指设有罐体，供运输液体、液化气体和粉状货物等的列车。按用途划分，罐车可分为轻油罐车、机油罐车、沥青罐车、化工品罐车、粉状货物罐车、液化气罐车、特种罐车等。

图 2-18　棚　车

图 2-19　罐　车

（5）保温车是指车体设有隔热层，能减少车内外之间的热交换，供运输易腐或对温度有特殊要求的货物的列车。按车内有无制冷和（或）加温设备划分，保温车可分为隔热车和冷藏车。保温车具有车体隔热、气密性好等特点，适合在冬季和夏季运输生鲜食品。

2．专用货车

常见的专用货车包括水泥车、煤车、砂石车、集装箱车等。

（1）水泥车是指供运输散装水泥的列车。按卸货方式划分，水泥车可分为上卸式水泥车和下卸式水泥车。

（2）煤车是指供运输煤炭的列车，通常具有固定的侧墙和卸货用的特殊车门。

（3）砂石车是指供运输砂土、碎石的列车。砂石车的端墙和侧墙都很矮，一般高度在 0.8 米以下，所以又称低边车。

（4）集装箱车（见图 2-20）是指设有固定集装箱的装置，供运输集装箱的列车。

图 2-20　集装箱车

任务实施

采访铁路车站工作人员

1．任务背景

铁路车站是铁路货运的枢纽。这里有许多铁路运输设施与设备，如铁路线路、铁路信号设备、铁路车辆等。请采访某铁路车站的工作人员，咨询铁路车站内物流设施与设备的功能、作业流程、操作方法等。

2．实施步骤

（1）学生自由分组，每组 5～6 人，采访某铁路车站的工作人员。

（2）小组成员事先确定好采访时间、采访地点、采访问题和采访流程。

（3）在采访过程中，小组成员要热情、礼貌地与被采访人交流，并记录好采访内容。

（4）采访结束后，小组成员整理采访内容，编写采访报告。

（5）教师对各小组的采访报告进行点评。

任务三　熟悉水路运输设施与设备

任务导入

武船集团 1 100 TEU 集装箱 1 号船顺利下水

2023 年 8 月 31 日，由武昌船舶重工集团有限公司（以下简称“武船集团”）建造的 1 100 TEU（标准箱，一种集装箱计量单位）集装箱 1 号船——“CA TOKYO”轮（见图 2-21）顺利下水。该船成功下水，标志着武船集团向支线集装箱船市场迈出了关键一步。

图 2-21　“CA TOKYO”轮

该船是中国船舶集团有限公司上海船舶研究设计院推出的第三代最新型支线集装箱船，船长为 147.9 米，船宽为 23.25 米，型深为 11.5 米，结构吃水为 8.5 米，可装载 1 182 个 20 英尺（1 英尺=30.48 厘米）标准集装箱。与同类型船舶相比，该船具有载重量大、重箱数量多、冷箱数量多、高箱数量多、航速高、油耗低等特点，并配置了包括集成平台功能以及智能能效管理、船体性能管理、智能视频管理等智能系统，是集经济性、安全性、智能性于一体的绿色环保船。

（资料来源：熊展平，《迄今武汉建造的最大集装箱绿色环保船下水》，武汉市人民政府官网，2023 年 9 月 1 日）

请问：

（1）常见的船舶类型有哪些？

（2）案例中的“CA TOKYO”轮属于哪种类型的船舶？

一、港口

港口（见图 2-22）是指位于江、河、湖、海或水库沿岸，具有一定设备和条件，由水域设施和陆域设施构成的运输综合体，可供船舶出入和停泊，以进行客货运输或其他专门业务。

图 2-22　港　口

（一）港口设施

1．港口水域设施

港口水域设施主要包括港池、进（出）港航道、调头水域和锚地等。

（1）港池。港池是指码头前供船舶停靠、驶离和进行装卸作业的水域，如图 2-23 所示。港池可由天然地势形成，也可由人工建筑而成，一般具有水面宽阔、水深较深、风浪小、水流平稳等特点。

图 2-23　港　池

（2）进（出）港航道。航道是指为组织水上运输而规定或设置的船舶航行通道。进（出）港航道与内河航道、入海航道等相通，是船舶进出港口水域的主要通道。

（3）调头水域。调头水域又称回旋水域，是指为船舶调头或改换航向专设的水域，其大小与船舶尺度、调头方式、水流、风速、风向等有关。不同类型港口的调头水域的水深不同，海港和河口港的调头水域的最小水深一般为大型船舶乘潮进出港口航道的水深，河港的调头水域的最小水深一般大于航道控制段的最小通航水深。

（4）锚地。锚地是指专供船舶抛锚、停泊及作业的水域，一般可分为海港锚地和河港锚地。

2. 港口陆域设施

港口陆域设施主要包括港口铁路、港口道路、港口库场、码头等。

（1）港口铁路。港口铁路（见图 2-24）是指自接转点至港口范围内专门为港口货物装卸、转运的铁路线路和其他设施，主要包括港口车站、分区车场、装卸线、区间正线、联络线和连接线等。港口铁路与公共铁路网相连，可实现大宗货物的铁水联运。

图 2-24　港口铁路

（2）港口道路。港口道路包括港内道路和港外道路。港内道路是供港口内运输设备通行的道路，港外道路是港区与城市道路等连接的通道。

（3）港口库场。港口库场是指港口中用于堆存和保管货物的建筑，包括仓库、堆场等。港口库场是水路运输货物的主要集散场所，对缩短车船停留时间、加快货物周转、提高货运质量有重要作用。

扫码学习

顺岸式码头、突堤式码头和墩式码头

（4）码头。码头是指供船舶停靠、装卸货物、上下旅客的基础设施，如图 2-25 所示。按平面轮廓划分，码头可分为顺岸式码头、突堤式码头、墩式码头等。

图 2-25 码 头

（二）港口的类型

1. 按地理条件划分

按地理条件划分，港口可分为海港、河港、河口港。

（1）海港一般建在海湾边或江河的入海处，以海湾、岬角为自然屏障，或建造防波堤等建筑物作为人工屏障。海港一般有广阔的水域和深水航道，可供大型海运船舶进出、停泊，是海洋运输的活动基地。我国的海港主要有大连港、天津港、烟台港、广州港等。

（2）河港是指位于江、河沿岸的港口，是内河运输船舶停泊、编队、补给燃料的基地，也是客货运输的集散地。我国的河港主要有武汉港、重庆港、南京港等。

（3）河口港是指位于江、河入海口处，受潮汐影响的港口，常为衔接内河与海洋、铁路、公路的水陆运输枢纽。河口港一般建筑在河口区以内，有通向海洋的深水航道和一定的设备条件，可供船舶停泊、编队、上下客货、补给燃料和淡水。我国的河口港主要有温州港、马尾港等。

2. 按使用目的划分

按使用目的划分，港口可分为商港、渔港、工业港、军港、避风港。

（1）商港是指供商船往来停泊，进行客货吞吐的公用港口，是水陆运输的枢纽。

（2）渔港是指专供渔船和渔业辅助船停泊、避风、维修、装卸渔获物和补充渔需物资及生活物资的港口。按设施条件和功能划分，渔港可分为中心渔港、一级渔港、二级渔港和三级渔港。

（3）工业港是指为临近江河湖海的大型工矿企业直接运输原材料、燃料和产品而设置的港口。工业港一般设在某个工业基地或加工业的中心。

（4）军港是指为军用舰船提供物资和技术保障的港口，一般具备军用舰船驻泊、补给、消磁、修理、避风等保障功能，可为舰船所属人员提供战备、训练和生活等方面的保障服务。

（5）避风港是指供船舶躲避大风浪的港湾，通常具有自然形成的避风屏障、广阔的水域、较深的航道、良好的避风锚地等。

二、船舶

常见的用于货物运输的船舶包括散货船、杂货船、集装箱船、液化气体船、油船、冷藏船、驳船等。

（一）散货船

散货船（见图 2-26）是指装运散粮、煤炭、矿砂、散装水泥等散货的干货运输船。散货船的货舱一般为单甲板，货舱口较宽，货舱的横截面呈八角形，机舱通常设在船尾等。按装运的货物类型划分，散货船可分为散粮船、运煤船、矿砂船、散装水泥船等。

图 2-26　散货船

（二）杂货船

杂货船是指以装运成包、成捆、成桶的杂货为主，兼运某些散货的干货运输船。杂货船一般自带装卸设备，货舱口较宽，货舱内空间大。

（三）集装箱船

集装箱船（见图 2-27）是指专门装运集装箱的货船。按装运集装箱的情况划分，集装箱船可分为部分集装箱船、全集装箱船和可变换集装箱船。

图 2-27　集装箱船

部分集装箱船的货舱一部分装集装箱，一部分装普通杂货。全集装箱船是专门用于装运集装箱的船舶，其货舱内和甲板上都有格栅式货架，货舱内可堆放 3～9 层集装箱，甲板上可堆放 3～4 层集装箱。可变换集装箱船既可装运集装箱，必要时也可装运普通杂货，其货舱内装载集装箱的结构为可拆装式的。

（四）液化气体船

液化气体船是指运输液化天然气或石油气的专用船，可分为液化天然气船（见图 2-28）和液化石油气船（见图 2-29）。

图 2-28　液化天然气船

图 2-29　液化石油气船

按货舱结构特点划分，液化天然气船可分为独立贮罐式液化天然气船和膜式液化天然气船。膜式液化天然气船具有容积利用率高、结构重量轻等优点。

按石油液化方式划分，液化石油气船可分为常温压力式液化石油气船、半冷冻半压力式液化石油气船和冷冻压力式液化石油气船。常温压力式液化石油气船的容量大多在 5 000 立方米以下，半冷冻半压力式液化石油气船的容量大多不超过 25 000 立方米，冷冻压力式液化石油气船的容量大多为 50 000～100 000 立方米。

（五）油船

油船是指装运散装石油或成品油类的船舶。油船的吨位一般较大，油船内部有一至两道纵向舱壁和较多的横向舱壁将船分隔成多个油舱，油船上设有强力油泵和连通各油舱的管道，便于迅速装卸货油。

按载重量划分，油船可分为30万吨级以上的超大型油船、20万～30万吨级的大型油船、15万吨级的苏伊士型油船、8万～10万吨级的阿芙拉型油船、约7万吨级的巴拿马型油船、约3万吨级的成品油船。

（六）冷藏船

冷藏船是指带有冷藏装置，专门用于装运易腐的新鲜货物或某些需低温运输货物的船舶。冷藏船上的制冷装置包括制冷机组及相关管路系统，一般可将冷藏船的温度控制在−30～15℃。

冷藏船的货舱为冷藏舱，常隔成若干个舱室。每个舱室都是一个独立的封闭的装货空间。舱壁、舱门均为气密结构，并覆盖有泡沫塑料、铝板聚合物等隔热材料，使相邻舱室互不导热，以满足不同货物对温度的不同要求。

（七）驳船

驳船（见图2-30）是指本身无动力装置，依靠拖船拖动或顶推船推动，用于装运货物的平底船。驳船船型丰富、构造简单，可单只或编队使用，是沿海、内河、港内通用的运输设备。

图2-30　驳　船

任务实施

讨论海运船舶的吨位是否越大越好

1. 任务背景

有人认为，大吨位的海运船舶单次可运输的货物的量较多，可以降低货物的单位运输成本；但也有人认为，大吨位的海运船舶很难实现满载往返，容易导致运力浪费。

2. 实施步骤

（1）学生自由分组，每组5～6人，选出一名小组长。

（2）小组成员多方搜集材料，并就“海运船舶的吨位是否越大越好”的论题进行讨论。讨论过程中，小组成员的论点应明确，论据应充分，最终形成一致答案。

（3）小组长介绍小组讨论的成果。

（4）教师对各小组的表现进行点评。

任务四 了解航空运输设施与设备

任务导入

鄂州花湖机场正式投运

亚洲首座专业货运机场——鄂州花湖机场（见图2-31）在2022年7月17日正式投运。鄂州花湖机场在白天主要开展客运业务，在夜间则主要开展航空货运业务，可与武汉天河国际机场形成航空客货“双枢纽”格局。

图2-31 鄂州花湖机场

2023 年 4 月 1 日，鄂州花湖机场国际货运航线正式开通。伴随巨大的引擎轰鸣声，顺丰航空一架装载 105 吨货物的全货机腾空而起，飞往比利时列日机场。自此，亚洲首座专业货运机场打开了内陆“空中出海口”，为中欧经贸往来搭建了一条高效的“空中新丝路”。预计到 2025 年，鄂州花湖机场的年旅客吞吐量可达 100 万人次，年货邮吞吐量可达 245 万吨。

（资料来源：杨念明，《鄂州花湖机场正式投运》，湖北省人民政府官网，2022 年 7 月 17 日）

请问：

（1）鄂州花湖机场属于哪种类型的机场？

（2）机场内存在哪些设施？

一、机场

机场是指供飞机起飞、降落、滑行、停放、维护并具有飞行保障设施的场所。

（一）机场设施

按所处位置和功能划分，机场设施可分为空侧设施和陆侧设施。空侧设施包括机场空域、跑道、滑行道、停机坪、升降带、指示标、灯光系统、塔台、排水系统，以及气象监测设施、消防设施、动力辅助设施、机务维修设施、机场维护设施等相关辅助设施。空侧设施主要用于飞机的起飞、降落、滑行、停放、维修、保养等。

陆侧设施包括航站楼、停车场、货物装卸区域等。陆侧设施主要用于旅客候机、安检和货物装卸、转运等。

（二）机场的类型

（1）按航线的性质划分，机场可分为国际机场和国内机场。国际机场可供国际航班使用，并设有海关、边防检查站等机构。国内机场是指仅供国内航班使用的机场。

（2）按服务对象划分，机场可分为民用机场、军用机场和军民合用机场。民用机场是指专供民用飞机活动的机场，军用机场是指专供军用飞机活动的机场，军民合用机场是指可供民用飞机活动的军用机场。

（3）按机场在航线中的位置划分，机场可分为始发地机场、经停机场、目的地机场和备降机场。其中，备降机场是指为预防飞机因故不能在原定目的地机场降落，而在飞行计划中确定作为备用降落地的机场。

二、飞机

（一）飞机的组成部分

飞机（见图 2-32）是一种有动力装置的重于空气的固定翼航空器，主要由机翼、尾翼、机身、起落装置、操纵系统、动力装置和机载设备等组成。

图 2-32　飞　机

（1）机翼主要产生升力。

（2）尾翼主要用于增强飞行稳定性和改变飞行姿态。

（3）机身用于承载人员、货物、设备和连接其他部件。

（4）起落装置用于在飞机起飞、着陆、滑行时支撑飞机。

（5）操纵系统包括驾驶杆、脚蹬、摇臂、操纵部件及助力系统等，用于控制飞机的起飞、降落和行进方向等。

（6）动力装置包括产生推力（拉力）的发动机及其附件和系统，主要为飞机提供动力。

（7）机载设备包括飞行仪表、通信设备、导航设备、控制设备等。

（二）飞机的类型

（1）按用途划分，飞机可分为军用飞机和民用飞机。

（2）按机身大小划分，飞机可分为窄体飞机、半宽体飞机、宽体飞机和超宽体飞机。

（3）按动力装置划分，飞机可分为螺旋桨式飞机（见图 2-33）和喷气式飞机（见图 2-34）。

图 2-33　螺旋桨式飞机

图 2-34　喷气式飞机

任务实施

介绍机场内的设施与设备

1. 任务背景

机场内的设施有机场空域、跑道、滑行道、停机坪、升降带、指示标、灯光系统、塔台等，机场内的设备有飞机、搬运车、吊车、起重机等。请选择一座机场，搜集该机场内设施与设备的相关资料，并向教师和同学们介绍。

2. 实施步骤

（1）学生自由分组，每组 5～6 人，选出一名小组长。

（2）小组成员选择某座机场作为介绍对象，查阅网络资料或文献，搜集、整理机场内设施与设备的相关资料。

（3）小组成员根据搜集到的资料制作 PPT。

（4）小组长进行课堂展示。

（5）教师对各小组的表现进行点评。

任务五　了解管道运输设施与设备

任务导入

国家“十四五”期间首个 2 000 万吨级输油管道建成投产

2022 年 7 月，山东港口烟台港西港区输油管道建成投产，这是我国“十四五”期间首个建成的 2 000 万吨级输油管道。

该输油管道是我国第一条由港口直达炼油厂的公共输油管道，具有加热保温功能，实现了码头、罐区、管道一体化运营和卸、储、运各环节无缝衔接，储运效率高。

该输油管道的总长度为370多千米，设计输油量为2 000万吨/年。其建设历经了17个月，成功克服了各种困难和挑战。该输油管道穿越了82条河流、31条高速公路、13条铁路，能够在大幅降低企业物流成本的同时，增强海运原油进口供应链陆上运输环节的稳定性。该输油管道投产后，烟台港的原油输送能力由原来的2 000万吨/年提升至4 000万吨/年。

（资料来源：宋建春、高杰、万瑞鹏、李京洋，《国家“十四五”期间首个2 000万吨级输油管道建成投产》，央视网，2022年7月5日）

请问：

（1）什么是输油管道？

（2）与输油管道相关的设施与设备有哪些？

管道运输是指使用管道输送流体或气体货物的运输方式。按输送货物的状态划分，管道运输可分为油品管道运输、天然气管道运输和固体浆液管道运输。

管道运输的优缺点

一、油品管道运输设施与设备

（一）输油站

输油站包括输油首站、输油中间站和输油末站。

（1）输油首站是输油管道的起点站，设置有油罐，用于接收并临时储存来自油田、炼油厂等地的油品，然后将油品输往下游输油站。

（2）输油中间站是在输油首站和末站之间设置的各类站场的统称，包括中间热泵站、中间泵站、中间加热站、注入站、分输站、减压站等。其中，中间热泵站既有加热装置，也有泵机组。加热装置用于对油品进行加热，泵机组用于提供输油所需的压力能。中间泵站只设有泵机组，中间加热站只设有加热装置。注入站是指在管道中间某位置向管道中注入其他来源的油品的站场。分输站是指在输油管道沿线，为分输油品至用户而设置的站场。减压站是指为降低由于管道落差过大形成过高的管道内压力而设置减压设施的输油站。

（3）输油末站是输油管道的终点站，设置有油罐，用于接收并储存管道来油，等待用其他运输方式转运油品。

（二）输油管道

输油管道（见图2-35）是指用于输送原油、成品油和液化石油气等的管道。输油管道一般采用地下埋设方式，但在受自然条件限制时，在局部地段也采用土堤埋设或地上敷设方式。此外，管道沿线一般设置有里程桩、标志桩、转角桩、警示牌等标志。

图 2-35　输油管道

（三）相关辅助设施与设备

（1）清管器，用于在输油前清除遗留在管道内的机械杂质等沉积物和在输油过程中清除管道内壁上的石蜡、油脂、盐类沉积物等。

提　示

机械杂质是指存在于油品中所有不溶于规定溶剂的杂质，如泥沙、尘土、铁屑、纤维和某些不溶性盐类。

（2）计量设备，包括流量计、检测仪表等，主要用于监测输油管道的运行状态，校正输油压力和流速，及时发现泄漏等。

（3）其他设备，包括冷却水设备、压缩机、废热利用设备等。

二、天然气管道运输设施与设备

（一）输气站

输气站一般包括输气首站、输气末站、压气站、气体接收站、气体分输站等。

（1）输气首站是指输气管道的起点站，一般具有分离、调压、计量、清管等功能。输气首站的主要功能是对从气田采出的天然气进行集聚和处理，然后将其送入输气管道。

（2）输气末站是指输气管道的终点站，一般具有分离、调压、计量、清管、配气等功能。

（3）压气站是指在输气管道沿线，用压缩机对管道气体进行增压的站场。

（4）气体接收站是指在输气管道沿线，为接收输气支线来气而设置的站场，一般具有分离、调压、计量、清管等功能。

（5）气体分输站是指在输气管道沿线，为分输气体至用户而设置的站场。气体分输站的主要功能是对天然气进行分离、调压、计量等，然后将天然气输送给终端用户。

（二）输气管道

按位置划分，输气管道（见图 2-36）可分为矿场输气管道、干线输气管道、城市输气管道。矿场输气管道用于天然气从气田到输气站之间的输送，干线输气管道用于天然气在输气站之间的长距离输送，城市输气管道用于天然气在城市内的输送。

图 2-36　输气管道

除管道主体外，输气管道还包括管件、法兰、阀门、清理器收发球筒、汇管、组合件等管道附件。

（三）相关辅助设施与设备

（1）计量仪表，用于计量天然气的体积流量、质量流量和能量流量。

（2）储气设施，包括储罐和地下储气库，用于暂时储存天然气。

（3）其他设备，包括润滑设备、冷却设备等。

三、固体浆液管道运输设施与设备

用管道运输各种固体物质的基本措施是将待输送的固体物质碾碎成粉状后与适量的液体配制成浆液，通过固体浆液管道将这些浆液输送到目的地，再将固体与液体分离，提取出固体物质。固体浆液管道主要用于运输煤炭、铁矿石、磷矿石、铜矿石、石灰石等。

固体浆液管道运输系统可分为浆液制备厂、中间泵站、输送管道、后处理系统。

（1）浆液制备厂，主要完成去除矿物杂质、精选矿物、制备浆液等工作。

（2）中间泵站，主要为浆液运输补充压力能，并在停运时清洗管道。

（3）输送管道，用于运输浆液。

（4）后处理系统，主要用于对浆液进行脱水处理和储存。

介绍我国的西气东输工程

1. 任务背景

西气东输工程是将我国西部地区的天然气向东部地区输送，主要是将新疆塔里木盆地的天然气输往长江三角洲地区。西气东输工程有利于促进我国能源结构和产业结构调整，带动东部、中部、西部地区经济共同发展，改善管道沿线地区人民的生活质量。

2. 实施步骤

（1）学生自由分组，每组 5～6 人，选出 1 名小组长。

（2）小组成员上网搜集西气东输工程的相关资料，如西气东输工程的途径区域、所采用的设施与设备、供气网络布局等。

（3）小组成员整理相关资料并制作 PPT。

（4）小组长进行课堂展示。

（5）教师对各小组的表现进行点评。

1. 填空题

（1）__________是指供汽车分方向、分车道行驶，且全部控制出入的多车道公路。

（2）__________是指专门办理零担运输业务的汽车货运站，主要业务有组织零担货物的集散、中转和配送等。

（3）按用途划分，铁路线路可分为_________、_________、_________。

（4）在铁路车辆中，___________是指不设车顶，车底为平底或浴盆（单浴盆或双浴盆）型，供运输各种无须严格防止受潮、暴晒的货物的列车。

（5）按平面轮廓划分，码头可分为____________________、____________________、____________________等。

（6）按动力装置划分，飞机可分为________________和________________。

（7）__________是指用于输送原油、成品油和液化石油气等的管道。

2. 选择题

（1）下列选项中，属于厢式货车的是（　　）。

A. 平板货车　　B. 全挂牵引车　　C. 冷藏车　　D. 皮卡车

（2）（　　）是指设于铁路汇集的枢纽地区，承担列车解体、编组和办理通过等作业，并设有机务段和车辆段的车站。

A．中间站　　B．区段站　　C．编组站　　D．交接站

（3）下列选项中，不属于港口水域设施的是（　　）。

A．港池　　B．港口库场

C．进（出）港航道　　D．锚地

（4）下列选项中，不属于空侧设施的是（　　）。

A．停车场　　B．跑道　　C．滑行道　　D．停机坪

3．判断题

（1）半挂牵引车将车头的后端连接挂车的前端，车头只提供向前的拉力，拖着挂车行驶，不承受挂车的重量。（　　）

（2）平车是指底架承载面为一平面，通常两侧设有柱插，有些还设有可活动向下翻倒的端门和侧门的列车。（　　）

（3）海港一般建在海湾边或江河的入海处，以海湾、岬角为自然屏障，或建造防波堤等建筑物作为人工屏障。（　　）

（4）按机身大小划分，飞机可分为窄体飞机、半宽体飞机、宽体飞机和超宽体飞机。（　　）

（5）气体接收站的主要功能是对天然气进行分离、调压、计量等，然后将天然气输送给终端用户。（　　）

4．简答题

（1）简述汽车货运站的布局原则。

（2）简述铁路线路的组成部分。

（3）简述水路运输中常见的船舶。

（4）简述油品管道运输设施与设备。

项目评价

进行项目评价，并将评价结果填入表 2-1 中。

表 2-1 项目评价表

<table>
<tr><td>班级</td><td></td><td>姓名</td><td></td><td>学号</td><td colspan="2"></td></tr>
<tr><td rowspan="2">评价项目</td><td colspan="3" rowspan="2">评价内容</td><td rowspan="2">分值</td><td colspan="2">评分</td></tr>
<tr><td>自我评分</td><td>教师评分</td></tr>
<tr><td rowspan="6">知识
（40%）</td><td colspan="3">公路、汽车货运站与货车</td><td>5</td><td></td><td></td></tr>
<tr><td colspan="3">铁路线路、铁路车站与铁路信号设备</td><td>5</td><td></td><td></td></tr>
<tr><td colspan="3">铁路机车与铁路车辆</td><td>5</td><td></td><td></td></tr>
<tr><td colspan="3">港口与船舶</td><td>10</td><td></td><td></td></tr>
<tr><td colspan="3">机场与飞机</td><td>5</td><td></td><td></td></tr>
<tr><td colspan="3">管道运输设施与设备</td><td>10</td><td></td><td></td></tr>
<tr><td rowspan="4">技能
（40%）</td><td colspan="3">能够清楚地阐述常见的运输设施与设备</td><td>10</td><td></td><td></td></tr>
<tr><td colspan="3">能够合理地进行情境模拟</td><td>10</td><td></td><td></td></tr>
<tr><td colspan="3">能够顺利完成采访活动</td><td>10</td><td></td><td></td></tr>
<tr><td colspan="3">能够正确搜集相关信息</td><td>10</td><td></td><td></td></tr>
<tr><td rowspan="3">素养
（20%）</td><td colspan="3">学习态度良好，遵守课堂纪律</td><td>10</td><td></td><td></td></tr>
<tr><td colspan="3">具有团队精神</td><td>5</td><td></td><td></td></tr>
<tr><td colspan="3">树立开放发展理念</td><td>5</td><td></td><td></td></tr>
<tr><td colspan="4">合计</td><td>100</td><td></td><td></td></tr>
<tr><td colspan="4">总分（自我评分×40%+教师评分×60%）</td><td colspan="3"></td></tr>
<tr><td>自我评价</td><td colspan="6"></td></tr>
<tr><td>教师评价</td><td colspan="6"></td></tr>
</table>

项目三 智慧仓储设施与设备

项目导读

仓储设施与设备是物流系统的重要组成部分，是企业顺利完成仓储作业的物质基础。随着科技发展，自动化、智慧化的仓储设施与设备也不断得到推广和应用。企业需要根据自身的实际情况，选择合适的仓储设施与设备，以保证仓储作业的正常进行。

知识目标

- ✓ 认识仓库的组成部分、功能和类型。
- ✓ 熟悉自动化立体仓库和无人仓。
- ✓ 掌握常见的货架和货架的作用，托盘的特点和类型，以及其他设备。

素质目标

- ✓ 通过学习“大件物流智能无人仓启用”案例，领略我国作为科技大国的风采，增强民族自信和自豪感。

任务一　认识仓库

任务导入

ACR 医药智能仓库

2022 年 5 月，中山市中智药业集团有限公司（以下简称“中智药业”）携手深圳市海柔创新科技有限公司等，推动了 ACR（箱式仓储机器）医药智能仓库（见图 3-1）自动化项目的实施。

图 3-1　ACR 医药智能仓库

该医药智能仓库共有 13 000 多个储存位置，配备了多个 4.2 米高的货架、多台多层料箱机器人和自动装卸机，使仓库的储存密度提高了 80%，仓库的识别准确率、拣选效率大幅提升，实现了中智药业 B2B 和 B2C 业务的库存共用管理。

在该医药智能仓库中，仓库的工程师可在机器人和 IWMS（智能仓库管理系统）、ESS（智能调度系统）之间进行有效对接，通过巧妙设置多机路径、最优路径，有效缓解机器人拥堵、等待和锁死等问题，保证机器人在作业高峰期的高效运行。此外，工程师还可以利用自动装卸机，同时对接机器人拣选区、分拣区和人工工作站，配合上下游输送线，实现 3 秒上货、5 秒卸货。

（资料来源：《中智大药房携手海柔创新，打造国内首个 ACR 医药智能仓库》，海柔创新官网，2022 年 5 月 11 日）

请问：

（1）什么是仓库？

（2）仓库具有哪些功能？

（3）案例中的仓库属于哪种类型？

一、仓库的组成部分

仓库是指对货物进行集中、整合、储存、保管、配载和分发等作业活动的场所。仓库的基本结构如下：

（1）地基和构造柱，地基主要影响仓库的承重能力，构造柱的位置和数量主要影响货物储存数量和码垛方式。

（2）墙、窗户和门，主要起到隔开仓库内外环境的作用。

（3）运输通道，主要供货物在仓库内部运输。

（4）出入口，其规格和数量影响出入库货流量的大小。

二、仓库的功能

一般来说，仓库的功能主要包括储存与保管功能、供需调节功能、运力调节功能、流通加工与配送功能等。

（一）储存与保管功能

储存与保管是仓库最基本的功能。仓库中有货架、托盘等储存设备，以及通风设备、温控设备等，可以储存和保管货物。

扫码学习

如何完善仓库的储存与保管功能

（二）供需调节功能

在不同时期，货物的供需关系是不断变化的。企业可以利用仓库，在供过于求时，暂时储存多余的货物，以稳定货物价格；在供不应求时，将仓库中储存的备用货物投放到市场，以满足市场需求。

（三）运力调节功能

在物流系统中，不同交通工具的运输能力差异较大，货物在不同交通工具间转运、衔接比较困难，而仓库则可用来调节不同交通工具之间的运力差异。例如，船舶将 1 000 吨货物运输到港口，并储存在港口的仓库中，然后由货车分批将这 1 000 吨货物运输到目的地。

（四）流通加工与配送功能

随着现代物流的发展，仓库的功能越来越多样化。一些企业在仓库中建立流通加工生产线，对货物进行简单加工，以便货物流通。例如，某企业在仓库中建立货物包装生产线，在需要发货时，直接在仓库内完成货物包装作业并发货。

此外，一些企业还在靠近消费市场的地方建立仓库。当客户下单后，企业直接从仓库为客户配送货物，节省了物流时间。

三、仓库的类型

（一）按功能划分

按功能划分，仓库可分为储存仓库、流通仓库、保税仓库等。

（1）储存仓库以储存、保管为主要功能，为货物提供适宜的保管场所和保管设施设备。

（2）流通仓库除具备保管功能外，还具备流通加工、装配、理货、配送等功能，能减少货物在流通过程中滞留的时间，从而降低物流成本。

（3）保税仓库是指储存尚未交付关税货物的仓库。储存于保税仓库内的进口货物经批准可在仓库内进行改装、分级、抽样、混合和再加工等，这些货物如再出口则免缴关税，如进入国内市场则须缴关税。

（二）按储存货物划分

按储存货物划分，仓库可分为通用仓库、专用仓库、特种仓库等。

（1）通用仓库用来储存对保管条件没有特殊要求的一般货物。这种仓库的结构和设备较简单，储存的货物品种繁多。

（2）专用仓库用来储存具有相同特征或保管要求的某类货物，如生鲜食品等。

（3）特种仓库用来储存具有特殊性质或对保管条件有特殊要求的货物，如冷冻货物、石油、危险化学品等。

活学活用

根据下列情境，选择合适的仓库：

（1）A 公司需要建一个仓库，以储存生产所需的各类化学原料，包括硫酸、过氧化氢、高锰酸钾等。

（2）B 公司要租用一个仓库，以储存海鲜、水果等生鲜食品。

（3）C 公司要在工业园区建一个小仓库，以储存生产完成的日用品。

（三）按建筑结构划分

按建筑结构划分，仓库可分为单层仓库、多层仓库、筒仓、露天堆场等。

（1）单层仓库（见图 3-2）只有一层，构造简单，所需投资少，便于使用和维护。

图 3-2　单层仓库

（2）多层仓库是指有多层的仓库。在占地面积相同的条件下，多层仓库的储存能力比单层仓库强，但其建造和维护成本较高。多层仓库可设置不同的库区，以储存不同的货物，保障货物安全。

（3）筒仓（见图 3-3）是指外形为圆柱形，用于储存散装小颗粒或粉末状货物的封闭式仓库，常用于储存粮食、化肥等。

图 3-3　筒　仓

（4）露天堆场（见图 3-4）是指露天堆放货物的场所，一般用于堆放大宗原材料或不怕受潮的货物。

图 3-4　露天堆场

任务实施

实地调查仓库

1. 任务背景

仓库是生产企业与物流企业的重要设施，不同类型的仓库有不同的结构、特点和功能。例如，冷库有较厚的保温层，内部温度较低，常用于储存药品、生鲜食品、花卉等；筒仓一般储量大，密封性好，常用于储存粮食、食糖、焦炭等。

2. 实施步骤

（1）教师带领学生前往某仓库进行实地调查。

（2）学生记录在实地调查过程中看到的仓库设施与设备。

（3）学生根据实地调查过程中发现的情况，编写实地调查活动总结。

任务二　熟悉自动化立体仓库和无人仓

任务导入

自动化立体仓库提高空间利用率

X企业是一家生产营养品、香精香料、高分子新材料的创新型企业。随着公司产品线的增加，仓库货物管理的难度不断加大，仓储系统亟须升级。为此，X企业精心打造了30米高的自动化立体仓库。使用自动化立体仓库后，X企业实现了货物出入库的自动化、智能化、信息化，以及仓库管理数据和业务软件数据的自动对接。

该自动化立体仓库最多可储存1.4万吨货物。与之前的仓库相比，该仓库减少了大量的工作人员，实现了24小时运行，仓库空间利用率提高了300%～400%，仓库作业效率提高了50%。

请问：

（1）什么是自动化立体仓库？

（2）自动化立体仓库有哪些优点？

一、自动化立体仓库

自动化立体仓库（见图3-5）是指可对货物进行机械化自动存取和控制作业的仓库。

图 3-5　自动化立体仓库

自动化立体仓库的功能

（一）自动化立体仓库的组成部分

自动化立体仓库主要由货物储存系统、货物存取与传送系统、控制与管理系统三部分组成。

1. 货物储存系统

自动化立体仓库的货物储存系统包括高层货架、托盘、货箱、集装容器等。其中，高层货架是自动化立体仓库中最主要的储存设备。

2. 货物存取与传送系统

货物存取与传送系统主要用于完成货物存取、出入库作业。它一般由码垛机、输送机等组成。

存货时，输送机从入库口将货物输送到货架巷道口，码垛机用货叉叉取货物并沿轨道将其输送到对应的货架，然后存入对应的货格；取货时，码垛机从货架取货后，沿轨道运行到输送机旁，将货物放在输送机上，由输送机将货物输送到出库口。

3. 控制与管理系统

一般来说，自动化立体仓库的控制与管理系统可分为管理级、监控级、设备控制级三级系统。

（1）管理级系统是自动化立体仓库的管理中心，具有下发货物存取指令、入库管理、出库管理、盘库管理、账单数据查询、报表打印与显示、系统参数维护等功能。

（2）监控级系统通过专用数据采集设备将自动化立体仓库内的信息采集到监控计算机内，经计算机处理后，以图表或数值的形式实时反映给仓库管理者，从而使仓库管理者能全面、实时地了解设备运行情况，并对自动化立体仓库进行远程控制。

（3）设备控制级系统主要根据管理级或监控级的命令控制码垛机和输送机的动作，同时向监控人员反馈各设备运行状态和任务完成情况。

（二）自动化立体仓库的类型

1．按货架结构划分

按货架结构划分，自动化立体仓库可分为库架合一式自动化立体仓库和库架分离式自动化立体仓库。

（1）库架合一式自动化立体仓库的货架主要结构与仓库的屋顶和墙壁固定在一起，形成一个整体。它不仅具有储存货物的基本功能，还为仓库建筑物提供支撑力。

（2）库架分离式自动化立体仓库的货架是独立的，货架可以随时拆除。

2．按储存条件划分

按储存条件划分，自动化立体仓库可分为普通自动化立体仓库、低温自动化立体仓库、高温自动化立体仓库、防爆自动化立体仓库。

（1）普通自动化立体仓库是指在常温、常湿的条件下保管货物的自动化立体仓库。

（2）低温自动化立体仓库是指室温在0℃以下的自动化立体仓库。

（3）高温自动化立体仓库是指室温在40℃以上的自动化立体仓库。

（4）防爆自动化立体仓库是指具有防爆功能的自动化立体仓库。

（三）自动化立体仓库的优点

与传统仓库相比，自动化立体仓库具有以下优点。

（1）货位集中，有利于对货物进行科学管理，合理利用仓库空间。

（2）仓储作业机械化、自动化程度高，货物存取速度快，有利于减少存取时间，提高作业效率。

（3）可提供货物的实时信息，便于企业进行科学的生产决策和库存管理。

二、无人仓

无人仓是一种高度自动化、智能化的仓库。它基于高度自动化、信息化的物流系统，使用少量工人即可在货物搬运、入库、上架、拣选、检验、出库等环节实现人机高效协作。

（一）无人仓的组成部分

无人仓的组成部分可分为硬件与软件两大部分。

1．无人仓的硬件

无人仓的硬件主要是用于储存、搬运、拣选、包装等作业的各类自动化物流设备，如自动化立体货架、无人叉车（见图3-6）、机械臂、自动包装机等。

图 3-6　无人叉车

2．无人仓的软件

无人仓的软件主要包括仓库管理系统（WMS）和仓库控制系统（WCS）。

仓库管理系统可以记录货物出入库的所有信息。工作人员可以通过仓库管理系统准确地知晓货物的位置和状态，并根据仓库不同作业节点的繁忙程度，动态地调整作业节点的作业顺序，从而协调储存、调拨、拣选、包装等仓储作业环节。

仓库控制系统主要用于接收仓储管理系统的指令，调度仓库设备完成作业任务。工作人员可以借助仓库控制系统，形成关于仓库各种设备的最优执行方案（如无人叉车的最短行驶线路等），实现无人仓的高效运行。

科技之光

大件物流智能无人仓启用

2020 年 6 月，大件物流智能无人仓正式在青岛启用。该无人仓旨在打造链接产业端和用户端的全流程、全场景的区域配送中心，可根据订单需求进行 24 小时不间断自主作业，每日最多可自动拣选出库 24 000 件大件货物，实现了大件物流仓储管理从人工、机械的传统管理向智能化、科技化的转型升级。

整个无人仓分为三层，一层为入库区，二层为分拣区，三层为中控台。该无人仓内主要有六大黑科技：

（1）中央控制室。中央控制室采用数字孪生技术，通过数据流实现对仓内运作的全面感知和对大数据的全流程控制。

（2）全景五面扫描站。货物从一层入库后，由输送机输送至全景五面扫描站，进行条码识别和信息采集。

（3）关节机器人（见图 3-7）。货物经过扫描站后，由关节机器人自动抓取并码垛。该关节机器人的机械触手十分灵敏，配合视觉识别技术，能提高 80% 的码垛效率。

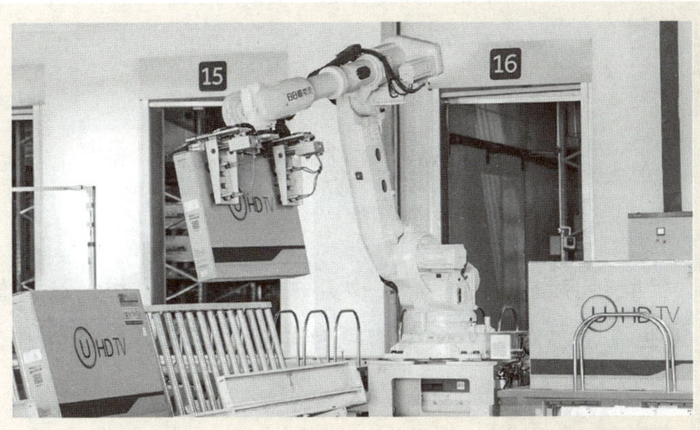

图 3-7 关节机器人

（4）自动立体库码垛机。自动立体库码垛机能在较窄的巷道内快速运行，并利用激光导航和条码导航技术，对订单和库存进行自动调整。当有出库订单时，该码垛机能迅速将货物从货架取出并输送至二层分拣区。

（5）AGV。AGV 可利用精准算法规划最优路径，在最短的时间内完成货物的搬运。

（6）龙门拣选机器人。龙门拣选机器人能够结合视觉识别技术，对货物和托盘进行精准定位，实现全自动分拣和精准混合码垛。

（资料来源：《当国内大件物流首个智能无人仓被打开后……》，搜狐网，2020 年 6 月 15 日）

（二）无人仓的功能

从仓储作业环节来看，当前无人仓的功能主要体现在以下几个方面。

（1）自动存取。无人仓可通过机械臂、输送线、码垛机等对货物进行自动存取。存货时，机械臂抓取货物并将其投放到输送线上，输送线将货物运至码垛处，自动码垛机将货物码放在托盘中，无人叉车将装有货物的托盘运至货架入口，码垛机将货物储存到对应的货格中。取货时，系统调度堆垛机将货物从货架上取出，送到货架出口，无人叉车将货物运至拣选区。

（2）自动拣选。无人仓可通过输送线、机械臂等对货物进行自动拣选。输送线将货物运至拣选工作站，然后由机械臂对货物进行自动拣选，或者由工作人员根据电子标签显示屏进行拣货。

（3）自动包装。无人仓可通过输送线、自动封箱机、自动贴标机等对货物进行自动包装。拣选完成的货物会随输送线运至自动包装台，经称重和扫描复核后，由自动封箱机、自动贴标机进行封箱、贴标，然后由分拣机自动分拨到相应的出库口。

任务实施

介绍新型物流仓库

1. 任务背景

随着5G、人工智能、自动化技术等在物流领域的深入应用，仓库的模式也产生了较大变化。自动化立体仓库、无人仓等新型物流仓库不断出现，这些仓库的特点、功能等各有不同。

2. 实施步骤

（1）学生自由分组，每组5～6人，选出1名小组长。

（2）小组成员搜集有关新型物流仓库的相关资料（包括特点、功能、设施设备等），然后整理资料并制作PPT。

（3）小组长进行课堂展示。

（4）教师对各小组的表现进行点评。

任务三 掌握货架、托盘及其他设备

任务导入

驶入式货架使用越来越广泛

许多物流中心、企业产品仓库等逐渐使用驶入式货架，以更好地管理仓库中的货物。使用驶入式货架后，工作人员可将货物按照类型分别储存在不同的货架上，以便快速完成货物存取作业，提高作业效率。

此外，随着科学技术的发展，驶入式货架逐渐与人工智能、自动化技术等相结合，大大提高了仓储作业的智能化、自动化水平。例如，在智慧仓库中，计算机系统控制AGV、无人叉车将货物运到指定位置，再由码垛机将货物放入相应的货位，从而高效地完成储存作业。

请问：

（1）什么是货架？货架具有哪些作用？

（2）你还知道哪些仓储设备？

一、货架

（一）常见的货架

货架是指由立柱、横梁等结构件组成的钢结构储物设备。常见的货架包括搁板式货架、驶入式货架、悬臂式货架、重力式货架、流利式货架、压入式货架、阁楼式货架、抽屉式货架、旋转式货架等。

1．搁板式货架

搁板式货架（见图 3-8）是指具有层板，货物储存在层板上的货架。按承重量划分，搁板式货架可分为轻型搁板式货架、中型搁板式货架、重型搁板式货架。

图 3-8 搁板式货架

（1）轻型搁板式货架是指由立柱、层板等构件组成，单元货架通常每层承重小于等于 150 千克，每列总承重小于等于于 2 000 千克的货架。

（2）中型搁板式货架是指由立柱、中托、顶托、层板等构件组成，单元货架通常每层承重 150～500 千克，每列总承重 2 000～5 000 千克的货架。

（3）重型搁板式货架是指由立柱、横梁、层板等构件组成，单元货架通常每层承重 500～1 500 千克，每列总承重 5 000～10 000 千克的货架。

2．驶入式货架

驶入式货架（见图 3-9）是指可供叉车（或带货叉的无人搬运车）驶入并存取托盘货物的货架。

图 3-9　驶入式货架

3. 悬臂式货架

悬臂式货架（见图 3-10）是指由立柱、悬臂、拉杆、底座等构件组成，并由悬臂直接承载货物的货架。

图 3-10　悬臂式货架

4. 重力式货架

重力式货架（见图 3-11）是指密集储存单元货物，货物依靠自身重力在货架滑道上滑行的货架。这种货架每层的通道上都安装了有一定坡度的滑道，入库的单元货物在重力的作用下，由入库端滑向出库端。使用这种货架时，一般按照先进先出的方式存取货物。

图 3-11　重力式货架

5. 流利式货架

流利式货架（见图 3-12）是指由立柱、横梁、侧梁、流利条、分隔板（杆）等构件组成，货物靠自身重力沿流利条下滑的货架。使用这种货架时，一般按照先进先出的方式存取货物。

图 3-12　流利式货架

6. 压入式货架

压入式货架（见图 3-13）又称后推式货架，是指把装有装载单元的小车，从入口沿轨道依次压入货架中，小车在重力的作用下沿轨道下滑的货架。使用这种货架时，一般按照先进先出的方式存取货物。

图 3-13　压入式货架

7．阁楼式货架

阁楼式货架（见图 3-14）是指由立柱、横梁、钢层板、楼面梁、楼面板、护栏、楼梯等构件组成的多层储存货物的货架。

图 3-14　阁楼式货架

8．抽屉式货架

抽屉式货架（见图 3-15）是指由立柱、横梁、拉杆、抽屉、轨道等构件组成，抽屉可沿轨道抽出或推入的货架。按承重量划分，抽屉式货架可分为中型抽屉式货架和重型抽屉式货架。

图 3-15　抽屉式货架

9. 旋转式货架

旋转式货架是指储存单元能在水平或垂直方向循环移动的货架。按旋转的方式划分，旋转式货架可分为水平旋转式货架和垂直旋转式货架。

（二）货架的作用

一般来说，货架的作用包括以下几个。

（1）充分利用仓库空间，提高仓库空间利用率。

（2）承托货物，避免货物相互挤压，保证货物完好。

（3）可按顺序将货物储存在货架的特定区域，以便对货物进行存取和管理。

（4）便于对货物采取防潮、防尘、防盗等措施，提高货物储存的安全性。

（5）与其他设备相结合，可实现仓储作业的机械化和自动化。

二、托盘

托盘是指用来集结、堆存货物以便装卸和搬运的水平板。

使用托盘的注意事项

（一）托盘的特点

托盘的特点主要有以下几个：

（1）自身重力小，在装卸、运输时所需的动力较小。

（2）不同企业的托盘可相互代替使用，便于回收。

（3）使用简便，在货物装盘后便于对其进行捆扎、紧包等。

（4）有固定、统一的规格，可实现货物包装的标准化和模块化。

（二）托盘的类型

常见的托盘类型主要包括平托盘、带有上部结构的托盘。

1. 平托盘

平托盘主要包括单面托盘、双面托盘、双向进叉托盘、四向进叉托盘、局部四向进叉托盘、自由叉孔托盘、周底托盘等。

（1）单面托盘（见图 3-16）是指只有一面铺板的平托盘。

（2）双面托盘是指有上下两面铺板的平托盘。双面托盘又可进一步分为双面使用托盘和单面使用托盘。其中，双面使用托盘（见图 3-17）是指上下两面有相同铺板的双面托盘，其两面具有相同的承载能力，均可用来堆放货物；单面使用托盘是指仅有一面用于堆放货物的双面托盘。

图 3-16 单面托盘

图 3-17 双面使用托盘

（3）双向进叉托盘（见图 3-18）是指允许叉车或托盘搬运车的货叉仅从两个相反方向插入的托盘。

（4）四向进叉托盘（见图 3-19）是指允许叉车或托盘搬运车的货叉从四个方向插入的托盘。

图 3-18 双向进叉托盘

图 3-19 四向进叉托盘

（5）局部四向进叉托盘是指允许叉车的货叉从四个方向插入而托盘搬运车的货叉从两个方向插入的托盘。

（6）自由叉孔托盘是指托盘搬运车叉臂轮可不离地面即能插入孔的托盘。

（7）周底托盘又称窗式托盘，是指外底板以完整的框架布置，并设有一块或两块中心板的托盘。其所有的底板均在同一平面内。

2. 带有上部结构的托盘

带有上部结构的托盘包括立柱式托盘、箱式托盘、笼式托盘等。

（1）立柱式托盘（见图 3-20）是指带有用于支承货物立柱的托盘。立柱式托盘可分为固定的立柱式托盘、可折的立柱式托盘、可拆装的立柱式托盘。

（2）箱式托盘（见图 3-21）是指外形呈箱状的托盘。箱式托盘可分为固定的箱式托盘、可折的箱式托盘、可拆装的箱式托盘、活底箱式托盘、溜槽或斜槽壁板的箱式托盘等。

（3）笼式托盘（见图 3-22）是指带有立杆或联杆加强的网式壁板的托盘。

图 3-20　立柱式托盘

图 3-21　箱式托盘

图 3-22　笼式托盘

三、其他设备

（一）计量设备

在仓储过程中，工作人员需要使用各类计量设备对出入库货物进行计量，从而确定货物的重量、数量、体积等参数。按计量物理量划分，计量设备可分为重量计量设备、流体容积计量设备、长度计量设备、数量计量设备。

（1）重量计量设备包括磅秤、地中衡（见图 3-23）、轨道衡、电子秤等。

图 3-23　地中衡

（2）流体容积计量设备包括液位计、流量计等。

（3）长度计量设备包括检尺、长度计量仪等。

（4）数量计量设备包括光电计数器等。

（二）养护设备

工作人员需要定期对仓库内的设施设备和货物进行保管养护，因此仓库中常备有各种养护设备，如测湿仪、除湿机、除锈机、通风机等。

（三）消防安全设备

为了保障仓库货物安全，需要在仓库备有消防安全设备。常见的消防安全设备可分为防盗报警设备、火灾自动报警设备、灭火器。

（1）防盗报警设备主要由防盗报警传感器、防盗报警控制器等组成。防盗报警传感器设置于仓库内，对库内环境和货物情况进行监测；防盗报警控制器设置于值班室内，用于接收防盗报警传感器发送的报警信息并发出警报声和闪烁灯光。

（2）火灾自动报警设备主要由火灾探测器、火灾报警器等组成。火灾探测器设置于仓库内，火灾报警器设置于值班室内，两者之间用有线或无线方式连接。常见的火灾探测器有感烟探测器、感温探测器、火焰探测器、可燃气体探测器等。

（3）灭火器（见图 3-24）是扑救初期火灾的重要消防器材。常见的灭火器有干粉灭火器、泡沫灭火器、二氧化碳灭火器、清水灭火器等。工作人员应根据仓库中所储存的货物的特点，选择合适的灭火器，以减少灭火剂对货物的损伤。

图 3-24　灭火器

视野拓展

使用灭火器的注意事项

使用灭火器时，应注意以下事项。

（1）灭火时，人应站在上风处。

（2）不将灭火器的上盖和底端对着人体，以防止上盖和瓶底弹出伤人。

（3）不与水同时喷射，以免影响灭火效果。

（4）扑灭电气火灾时，应先切断电源，以防止触电。

（5）持喷管的手应握在胶质喷管处，以防止被冻伤。

（6）禁止对着人体直接喷射，尤其是人的面部。

（7）扑救液体物质火灾时，应先将喷嘴对准燃烧液面的边缘，然后逐渐覆盖燃烧液面，切忌直接对准液面喷射，以免燃烧液体溅射。扑救固体物质火灾时，应将喷嘴对准燃烧最猛烈的地方，以迅速灭火。

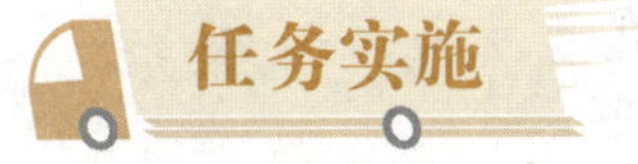

采访物流仓库的工作人员

1. 任务背景

物流仓库中有货架、托盘、计量设备、养护设备、消防安全设备等。物流仓库的工作人员每天都要接触这些设备，对这些设备十分熟悉。请采访某物流仓库的工作人员，咨询物流仓库内物流设施与设备的功能、操作方法等。

2. 实施步骤

（1）学生自由分组，每组5～6人，联系某物流仓库的工作人员进行采访。

（2）小组成员事先确定好采访时间、采访地点、采访问题和采访流程。

（3）在采访过程中，小组成员要热情、礼貌地与被采访人交流，并记录好采访内容。

（4）采访结束后，小组成员整理采访内容，编写采访报告。

（5）教师对各小组的采访报告进行点评。

1. 填空题

（1）自动化立体仓库主要由________________、________________、________________三部分组成。

（2）__________是指由立柱、横梁等结构件组成的钢结构储物设备。

（3）平托盘主要包括单面托盘、_____________、双向进叉托盘、四向进叉托盘、局部四向进叉托盘、_____________、_____________等。

（4）___________是指带有用于支承货物立柱的托盘。

2. 选择题

（1）（　　）是外形为圆柱形，用于储存散装小颗粒或粉末状货物的封闭式仓库。

A．单层仓库　　　　B．多层仓库

C．立体仓库　　　　D．筒仓

（2）（　　）是指密集储存单元货物，货物依靠自身重力在货架滑道上滑行的货架。

A．托盘式货架　　　　B．悬臂式货架

C．重力式货架　　　　D．压入式货架

（3）下列选项中，（　　）不属于托盘的特点。

A．自身重力小　　B．使用简便

C．有固定、统一的规格　　D．利用率低

（4）（　　）的货架主要结构与仓库的屋顶和墙壁固定在一起，形成一个整体。

A．库架分离式自动化立体仓库

B．库架合一式自动化立体仓库

C．低温自动化立体仓库

D．防爆自动化立体仓库

3．判断题

（1）轻型搁板式货架是指由立柱、层板等构件组成，单元货架通常每层承重小于等于150千克，每列总承重小于等于2 000千克的货架。（　　）

（2）火灾自动报警设备主要由火灾探测器、火灾报警器等组成。（　　）

（3）在无人仓中，仓库控制系统主要用于接收仓储管理系统的指令，调度仓库设备完成作业任务。（　　）

4．简答题

（1）简述仓库的功能。

（2）简述自动化立体仓库的组成部分。

（3）简述常见的货架类型。

进行项目评价，并将评价结果填入表 3-1 中。

表 3-1　项目评价表

<table>
<tr><td>班级</td><td></td><td>姓名</td><td></td><td>学号</td><td colspan="2"></td></tr>
<tr><td rowspan="2">评价项目</td><td colspan="3" rowspan="2">评价内容</td><td rowspan="2">分值</td><td colspan="2">评分</td></tr>
<tr><td>自我评分</td><td>教师评分</td></tr>
<tr><td rowspan="5">知识
（40%）</td><td colspan="3">仓库的组成部分、功能和类型</td><td>10</td><td></td><td></td></tr>
<tr><td colspan="3">自动化立体仓库和无人仓</td><td>8</td><td></td><td></td></tr>
<tr><td colspan="3">常见的货架和货架的作用</td><td>7</td><td></td><td></td></tr>
<tr><td colspan="3">托盘的特点和类型</td><td>5</td><td></td><td></td></tr>
<tr><td colspan="3">计量设备、养护设备、消防安全设备</td><td>10</td><td></td><td></td></tr>
<tr><td rowspan="4">技能
（40%）</td><td colspan="3">能够识别常见的仓储设施与设备</td><td>10</td><td></td><td></td></tr>
<tr><td colspan="3">能够认真完成调查活动总结</td><td>10</td><td></td><td></td></tr>
<tr><td colspan="3">能够搜集相关资料并做好 PPT</td><td>10</td><td></td><td></td></tr>
<tr><td colspan="3">能够顺利完成采访活动</td><td>10</td><td></td><td></td></tr>
<tr><td rowspan="3">素养
（20%）</td><td colspan="3">学习态度良好，遵守课堂纪律</td><td>10</td><td></td><td></td></tr>
<tr><td colspan="3">具有团队精神</td><td>5</td><td></td><td></td></tr>
<tr><td colspan="3">增强民族自豪感和自信心</td><td>5</td><td></td><td></td></tr>
<tr><td colspan="4">合计</td><td>100</td><td></td><td></td></tr>
<tr><td colspan="4">总分（自我评分×40%+教师评分×60%）</td><td colspan="3"></td></tr>
<tr><td>自我评价</td><td colspan="6"></td></tr>
<tr><td>教师评价</td><td colspan="6"></td></tr>
</table>

项目四

智慧装卸搬运设备

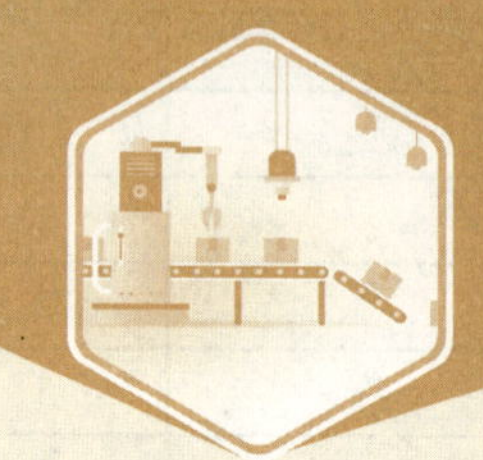

项目导读

装卸搬运设备是物流过程中装卸搬运环节顺利进行的基础。根据作业环境、货运要求选择合适的装卸搬运设备，对提高物流效率、降低物流成本具有重要作用。了解装卸搬运设备的类型、工作原理、工作过程等，有利于熟悉物流过程中装卸搬运环节的具体情况，从而在实际工作中选择合适的装卸搬运设备。

知识目标

- ✓ 认识装卸搬运设备的类型和作用。
- ✓ 熟悉选择装卸搬运设备的原则。
- ✓ 掌握叉车、AGV 等装卸搬运车辆的相关知识。
- ✓ 熟悉轻小型起重设备、桥架型起重设备、臂架型起重设备等起重设备的相关知识。
- ✓ 熟悉带式输送机、链式输送机、辊子输送机、螺旋输送机、气力输送机等连续输送设备的相关知识。

素质目标

- ✓ 通过学习“5G+AGV 打造智能车间”案例，培养创新精神，做创新发展的探索者、组织者、引领者。

任务一 认识装卸搬运设备

任务导入

H 企业研制的新款站驾式电动托盘搬运车 S2.0SD

2022 年，H 企业成功研制出新款站驾式电动托盘搬运车 S2.0SD（见图 4-1），有助于客户提高物流效率。根据 H 企业提供的产品信息，该款托盘搬运车可以搬运重达 2 吨的货物，适用于物流园区搬运、食品配送、码头装卸等作业场景。

图 4-1 新款站驾式电动托盘搬运车 S2.0SD

该款托盘搬运车有一个舵手头和一个侧臂，同时还有不同的驾驶模式可供操作者选择，因此其装卸速度和移动速度更快，大幅提高了装卸搬运效率。

此外，该款托盘搬运车还有橡胶浮垫平台，抓地力较好；同时还采用了符合人体工程学的升降门架和折叠式平台，便于操作者在空间狭小的环境中进行操作。

（资料来源：《海斯特推出新款站驾式电动托盘搬运车 S2.0SD》，中国叉车网，2022 年 11 月 18 日）

请问：

（1）什么是装卸搬运设备？

（2）装卸搬运设备具有哪些作用？

一、装卸搬运设备的类型

装卸搬运设备是指主要在码头、料场、矿山、货仓等的内部进行货物装卸、运输、升降、码垛和储存的机械设备。按不同的标准划分，装卸搬运设备可分为不同类型。

（一）按用途划分

按用途划分，装卸搬运设备可分为装卸搬运车辆、起重设备、输送设备等。

（二）按作业方向划分

按作业方向划分，装卸搬运设备可分为以下三类：

（1）水平方向作业的装卸搬运设备主要用于在水平方向输送、转移货物，如搬运车辆、带式输送机等。

（2）垂直方向作业的装卸搬运设备主要用于在垂直方向输送、转移货物，如升降机等。

（3）混合方向作业的装卸搬运设备既能在水平方向作业，又能在垂直方向作业，如门式起重机、桥式起重机、叉车、轮胎起重机等。

（三）按装卸搬运货物的种类划分

按装卸搬运货物的种类划分，装卸搬运设备可分为超限货物装卸搬运设备、散装货物装卸搬运设备、成件包装货物装卸搬运设备、集装箱货物装卸搬运设备。

（1）超限货物装卸搬运设备通常用于装卸搬运过长、过高、过宽或过重的机电设备、钢材、原木、混凝土构件等。

（2）散装货物装卸搬运设备通常用于装卸搬运成堆的、不计件的货物，如焦炭、沙子、石灰、铁矿石等。图 4-2 所示为散装货物装卸搬运设备在装卸铁矿石。

图 4-2　散装货物装卸搬运设备在装卸铁矿石

（3）成件包装货物装卸搬运设备通常用于装卸搬运日用百货、五金器材等成件包装的货物。

（4）集装箱货物装卸搬运设备通常用于装卸搬运集装箱。常见的集装箱货物装卸搬运设备有集装箱装卸桥、集装箱门式起重机、集装箱叉车、集装箱跨运车等。

二、装卸搬运设备的作用

装卸搬运设备是实现装卸搬运机械化、自动化的基础，主要具有以下作用。

（1）改善劳动条件，节省劳动力，减轻工人的劳动强度。

（2）加速运输工具周转，缩短装卸搬运作业时间。

（3）提高装卸搬运作业的质量，减少货损、货差。

（4）加速货位周转，缩短货物临时堆存时间，提高堆场、仓库等的利用率。

（5）降低装卸搬运作业成本，提高经济效益。

三、选择装卸搬运设备的原则

在选择装卸搬运设备时，应遵循以下原则。

（1）选择能适应作业现场环境的装卸搬运设备。

（2）选择能完成作业任务，且与货物特点相适应的装卸搬运设备。

（3）在具有同等作业效能的前提下，选择性能好、节省资源、便于维修、有利于环境保护、可成套使用、成本较低的装卸搬运设备。

（4）选择符合企业长远发展需要的装卸搬运设备。

（5）选择能与其他设施和设备搭配使用的装卸搬运设备。

（6）选择规格型号合适的装卸搬运设备，以免浪费其性能。

（7）尽量选择标准的装卸搬运设备，减少使用非标准的装卸搬运设备，以便使用和维修。

（8）通过多方比较，选择最合适的装卸搬运设备配置方案。

介绍物流企业中先进的装卸搬运设备

1．任务背景

目前，顺丰速运、京东物流、菜鸟物流等物流企业都采用了许多先进的装卸搬运设备。这些先进的装卸搬运设备具有许多新特点、新功能，对提高装卸搬运效率起到了重要作用。

2．实施步骤

（1）学生自由分组，每组5～6人，选出1名小组长。

（2）小组成员选择某物流企业作为介绍对象，上网搜集、整理与该物流企业所采用的先进的装卸搬运设备相关的资料。

（3）小组成员根据资料制作PPT。

（4）小组长进行课堂展示。

（5）教师对各小组的表现进行点评。

任务二 掌握装卸搬运车辆

任务导入

L 企业研发的第二代电动堆高叉车 AGV

L 企业自主研发了第二代电动堆高叉车 AGV（见图 4-3）。该款电动堆高叉车 AGV 小巧灵活，在带载标准托盘的情况下，能够实现在最小宽度为 2 150 毫米的通道内完成直角存取货物作业。

图 4-3 L 企业自主研发的第二代电动堆高叉车 AGV

具体来说，L 企业研发的第二代电动堆高叉车 AGV 具有以下优点。

（1）精准导航。第二代电动堆高叉车 AGV 采用先进的以激光即时定位与地图构建导航为主的复合导航方式，能在线实时更新地图，并对环境变化做出动态反应，从而实现精确定位、高效导航。

（2）稳定安全。第二代电动堆高叉车 AGV 采用先进的控制算法，配备完善的安全保护措施，可在稳定运行的同时，保证工人和货物的安全。

（3）智能感知。第二代电动堆高叉车 AGV 采用 3D 视觉检测系统，可准确识别托盘的空间位置，并通过系统及时调整车辆与货叉的位置。

（4）高效调度。借助 L 企业的 AGV 调度系统，第二代电动堆高叉车 AGV 还可提前响应任务，减少 AGV 空跑造成的低效率情况，实现货物的精准、快速搬运。

（资料来源：《兰剑智能新能源行业专用 AGV 系列》，凤凰网，2023 年 8 月 25 日）

请问：

（1）常见的装卸搬运车辆有哪些？

（2）什么是 AGV？

一、叉车

叉车是指采用货叉装载、起升、搬运货物的工业车辆。叉车能减少工人繁重的体力劳动，提高装卸效率，降低装卸成本。

（一）叉车的特点

（1）机械化程度高。叉车配合自动取物装置，可实现装卸作业的高度机械化，减少体力劳动。

（2）机动灵活性好。叉车能在作业区域内灵活调动，可与其他起重设备、输送设备配合工作。

（3）可“一机多用”。叉车可更换各种取物装置（如货叉、铲斗、吊臂、串杆、叉夹等），以完成对不同品种、形状、大小的货物的装卸作业。

（4）可立体码垛。叉车可对货物进行立体码垛，码垛高度一般可达2～5米。

（5）成本低廉。与大型起重设备相比，叉车的成本低，维护费用少。

（二）常见的叉车

常见的叉车包括平衡重式叉车、插腿式叉车、前移式叉车、侧面式叉车、集装箱叉车、伸缩臂式叉车、托盘式叉车等。

使用叉车的注意事项

1. 平衡重式叉车

平衡重式叉车（见图4-4）是指具有承载货物的货叉，载荷相对于前轮呈悬臂状态，并且依靠自身重量来保持平衡的码垛用起升车辆。

图4-4　平衡重式叉车

平衡重式叉车广泛应用于港口、车站、货场、仓库、车间等各种作业场所。其主要优点是运载能力大，行驶稳定性好，作业适应能力强，能够搬运各种类型的货物。

2. 插腿式叉车

插腿式叉车（见图4-5）是指带有外伸支腿，货叉位于两支腿之间，载荷重心始终位于稳定性好的支承面内的码垛用起升车辆。与平衡重式叉车相比，插腿式叉车结构简单，自身重力小，外形尺寸小，机动性能好，便于操作，适合在通道较窄的室内仓库作业。

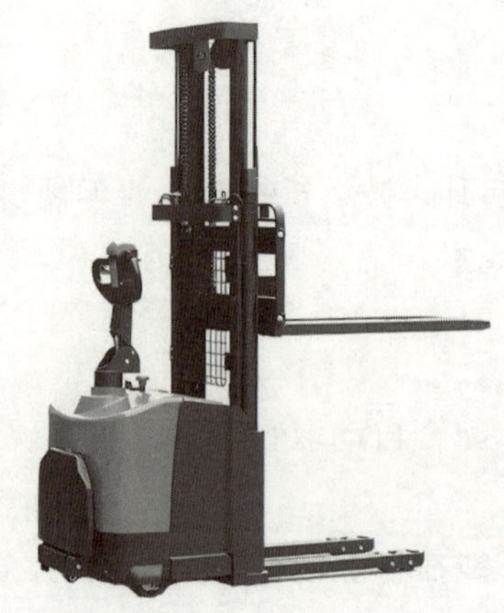

图 4-5　插腿式叉车

由于有支腿的阻挡，插腿式叉车的货叉不能直接插入平底货物的底部，需要使用单面托盘或垫板将货物垫起，以便叉车的支腿插入货物底部。此外，插腿式叉车运载能力较小，运行速度较慢，对地面的平整度要求较高。

3．前移式叉车

前移式叉车（见图 4-6）是指带有外伸支腿，通过门架或货叉架移动进行货物搬运的码垛用起升车辆。其主要优点是转弯半径小、机动性能好，适合在通道较窄的室内仓库作业。

图 4-6　前移式叉车

前移式叉车可分为门架前移式叉车和货叉架前移式叉车。门架前移式叉车的门架和货叉架一起移动，门架可前伸的距离受到外界空间高度的限制，因而门架前移式叉车只能对货垛的前排货物进行装卸作业。货叉架前移式叉车的门架在作业时不动，货叉架会借助伸缩机单独前伸并完成装卸作业。

4．侧面式叉车

侧面式叉车（见图 4-7）是指门架或货叉架位于两个车轴之间，在垂直于车辆的运行方向上横向伸缩，在车辆的一侧进行码垛或拆垛作业的起升车辆。侧面式叉车具有较强的动力和较大的运载能力，主要适用于搬运长条货物、大件货物。此外，它还具有行驶稳定性好、运行速度较快、驾驶视野开阔等优点。

图 4-7　侧面式叉车

5. 集装箱叉车

集装箱叉车（见图 4-8）是指装有集装箱吊具，专门用于吊运集装箱的叉车。它是集装箱码头和集装箱堆场上常用的一种集装箱专用装卸机械，主要用于码垛空集装箱等辅助性作业。

6. 伸缩臂式叉车

伸缩臂式叉车（见图 4-9）是指带伸缩臂的多用途叉车。其货叉安装在伸缩臂的顶端，通过伸缩臂的运动来实现货物的升降。伸缩臂式叉车具有良好的越野行驶性能和“一机多用”特性，适合在钢材（木材）货场、建筑工地、林场、矿区等场所进行多用途货物装卸搬运作业。

图 4-8　集装箱叉车

图 4-9　伸缩臂式叉车

7. 托盘式叉车

托盘式叉车又称托盘搬运车，是指通过货叉在一定范围内的起升完成对托盘货物的搬运操作的叉车。托盘式叉车的货叉一般与行走滚轮是一体的，滚轮支腿可以在液压的作用下起升，进而改变货叉的高度，以便货叉插入托盘和拖带托盘行驶。

按驱动方式划分，托盘式叉车可分为步行式托盘式叉车和电动托盘式叉车。

（1）步行式托盘式叉车（见图 4-10）是较为简便、有效、常见的装卸搬运设备，广泛应用于仓库、工厂、机场、车站等场所。

（2）电动托盘式叉车（见图4-11）具有电动行走、电动起升等功能，适用于搬运较重的货物和长时间搬运货物的情况，可提高货物搬运效率，减轻工人的劳动强度。

图4-10　步行式托盘式叉车

图4-11　电动托盘式叉车

（三）叉车属具

叉车属具是指安装在叉车上以满足各种货物搬运和装卸作业特殊要求的辅助装置。它能使叉车成为具有夹、升、旋转、侧移、推拉、倾翻等功能的装卸搬运设备。常见的叉车属具有货叉、推拉器、串杆、包夹器、铲斗等。

1. 货叉

货叉（见图4-12）是叉车重要的承载构件，呈L形，其水平段用来叉取并承载货物。货叉水平段的上表面平直、光滑，下表面前端略有斜度，叉尖较薄、较窄，两侧带有圆弧，便于叉取货物。

2. 推拉器

推拉器（见图4-13）是指通过动力驱动将货物推出或拉回至指定位置的叉车属具。当使用叉车装卸无垫板的货物时，可使用推拉器从货叉上卸下货物，实现无托盘装卸。

图4-12　货　叉

图4-13　推拉器

3．串杆

串杆（见图 4-14）是指专门用于装卸搬运带有中心孔的货物的叉车属具，常用于装卸钢板卷、钢丝卷、电线卷等卷状货物。

4．包夹器

包夹器（见图 4-15）由两个夹臂组成，可夹取货物。按夹臂的形状划分，包夹器可分为直角形包夹器和圆弧形包夹器。直角形包夹器的夹臂内侧为平面，宜装卸纸箱装货物、木箱装货物等，以及棉花等软包装货物。圆弧形包夹器的夹臂内侧为圆弧形，适合装卸不同直径的圆柱形货物。

图 4-14 串 杆

图 4-15 包夹器

5．铲斗

铲斗（见图 4-16）主要用于装卸非黏性的、颗粒状的散货，如煤炭、谷物等。

图 4-16 铲 斗

二、AGV

AGV 是指在车体上装备有导引装置、计算机装置、安全保护装置等，能够沿设定的路径自动行驶，具有物品移载功能的搬运车辆。AGV 主要由车体、驱动及转向部件、导引装置、安全保护装置、供电装置、车载控制系统、通信装置等组成。

（一）AGV 的类型

按移载方式划分，AGV 可分为搬运型 AGV、装配型 AGV、牵引式 AGV。

（1）搬运型 AGV 可完全承载货物的重量，用人工或自动进行货物移载。

（2）装配型 AGV 主要用于配合装配生产线，实现货物的移动、定位等。

（3）牵引式 AGV 不承载或不完全承载货物的重量，只为货物提供牵引力，拉动货物移动。

（二）AGV 的导引方式

常见的 AGV 导引方式有电磁导引、磁带导引、激光导引、光学导引。

1. 电磁导引

电磁导引是指 AGV 通过对导引线加载的导引频率进行识别来实现自动导引。采用电磁导引方式时，工作人员需要将导引线埋在地下，以免导引线受到污染或破损。采用电磁导引方式的 AGV 无法在铁板上行驶。

2. 磁带导引

磁带导引是指 AGV 通过识别磁带上的磁感应信号来实现自动导引。采用磁带导引方式时，工作人员需要在路面上敷设磁带。采用磁带导引方式的 AGV 可在铁板上行驶。

3. 激光导引

激光导引是指 AGV 通过发射激光束，同时采集由反射板反射的激光束来确定其当前的位置和方向，并通过连续的三角几何运算来实现自动导引。采用激光导引方式时，工作人员需要在 AGV 行驶路径周围的准确点位安装激光反射板。激光导引方式灵活性好，便于改变或扩充路径，可进行精确定位。

4. 光学导引

光学导引是指 AGV 通过发光器向地面反光带发光，并通过光传感器接收由地面反光带反射的光，以确定位置和方向的导引方式。光学导引方式的施工难度小且对地面环境影响小，工作人员仅需在地面上粘贴或涂刷反光带即可，但附着在反光带表面的灰尘等污物和反射面的损伤等会影响 AGV 的正常行驶。

科技之光

5G+AGV 打造智能车间

在 Y 企业的注塑车间内，一眼望去已看不到工人搬运货物的场景，取而代之的是许多 AGV 在有条不紊地按照既定线路搬运货物的场景，如图 4-17 所示。在采用 AGV 之前，Y 企业车间内的货物只能通过人力来完成搬运。工人平均

12小时只能完成20次搬运工作，且体力消耗非常大，工作效率也很低。采用AGV后，工人只需将流水线上重达250～400千克的塑胶模具吊装到小车上，就可以开始继续做其他工作，这极大地提高了车间货物搬运的效率。

图 4-17　AGV 搬运货物的场景

此外，该企业还在车间设置了5G专用网络，AGV连接5G专用网络后在车间内能自动避让障碍物，灵活调整运输线路，自动搬运货物，自动充电，大大降低了发生搬运安全事故的概率，提高了整个车间的生产效率。车间负责人只要通过操作台发出指令，就能让AGV全天候实时响应，点对点地完成货物搬运任务，从而保障了订单的有序完成。

（资料来源：毕真，《5G+AGV小车藏着大神奇》，浙江在线，2023年4月7日）

三、其他装卸搬运车辆

（一）手推车

手推车是指以人力驱动，在路面上水平运输货物的小型搬运车辆。它具有轻巧灵活、易操作、转弯半径小等优点，是短距离搬运较小、较轻货物的一种方便而经济的搬运设备。常见的手推车有二轮手推车（见图4-18）、多轮手推车（见图4-19）和物流笼车（见图4-20）三大类。

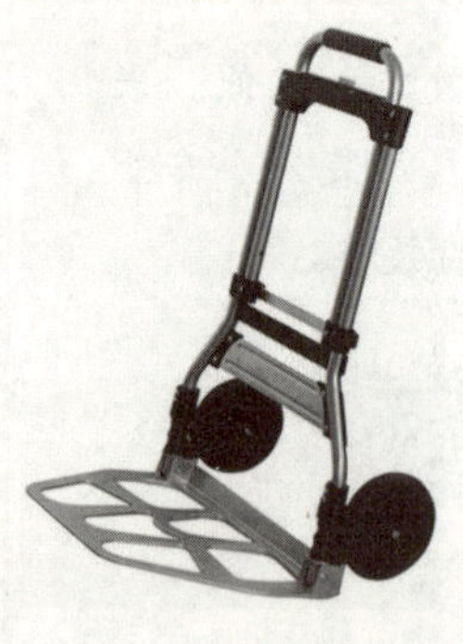
图 4-18 二轮手推车

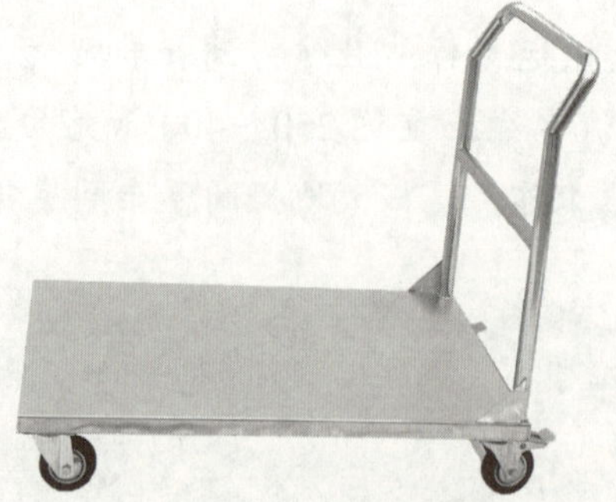
图 4-19 多轮手推车

图 4-20 物流笼车

（二）堆高车

堆高车是指对成件托盘货物进行装卸、堆高、码垛和短距离运输作业的轮式搬运车辆。按驱动方式划分，堆高车可分为手动液压堆高车和电动堆高车。

（1）手动液压堆高车具有机动灵活、操作简单、转弯半径小等特点，适用于车间、仓库、车站、码头等场所的货物搬运与码垛。

（2）电动堆高车是以电动机为动力、蓄电池为能源的一种工业搬运车辆。

（三）拣选叉车

拣选叉车是指操作台随平台或货叉一起升降，允许操作者将货物从承载属具上堆放到货架上，或从货架上取出放置在承载属具上的起升车辆。

拣选叉车可分为低位拣选叉车和高位拣选叉车（见图 4-21）。低位拣选叉车常用于车间内各个工序间加工部件的运输，以及配送中心不同货位间货物的拣选作业。高位拣选叉车主要用于高位拣货，如在有高层货架的仓库内完成货物的拣选作业。

图 4-21 高位拣选叉车

任务实施

介绍 AGV 在物流活动中的应用

1．任务背景

随着物流技术的不断发展，AGV 的应用场景越来越多。在仓库、码头、货运站或工厂等地，都能看到 AGV 工作的场景。请上网搜集并整理 AGV 的相关资料，介绍其在不同物流活动中的应用情况。

2．实施步骤

（1）学生自由分组，每组 5～6 人，选出 1 名小组长。

（2）小组成员上网搜集并整理 AGV 的相关资料。

（3）小组成员根据资料制作 PPT。

（4）小组长进行课堂展示。

（5）教师对各小组的表现进行点评。

任务三　熟悉起重设备

任务导入

北部湾港北海铁山港区东岸码头迎来首批门座起重机

2023 年 10 月，6 台印有“北部湾港”标识的门座起重机先后在北海铁山港区东岸码头顺利落地。这 6 台门式起重机均为四连杆门座起重机（见图 4-22），重量在 427 吨至 690 吨之间。其中，4 台门座起重机的最大起重量为 40 吨，1 台门座起重机的最大起重量为 25 吨，1 台门座起重机的最大起重量为 50 吨。

图 4-22　四连杆门座起重机

这批门座起重机配置有吊钩、抓斗等，是装卸散货、成件包装货物、集装箱货物的利器，主要用于东岸码头的港口装卸搬运作业，可使该码头变成货物进出海关的便捷通道。

（资料来源：王衍强、周波、唐梦琳，《北部湾港北海铁山港区东岸码头迎来首批门机》，央广网，2023 年 10 月 11 日）

请问：

（1）什么是起重设备？

（2）案例中的起重机属于哪种类型的起重设备？

一、什么是起重设备

起重设备是指以间歇作业方式对货物进行起升、下降和水平移动的装卸搬运机械。它主要应用于港口、工矿企业、仓库、物流园区等物流节点。

起重设备的工作过程为吊挂或抓取货物，将货物提升到一定高度，再在目标地点卸货，然后返程准备进行下一次作业。这一过程称为一个工作循环。起重设备完成一个工作循环后一般会短暂停歇，然后再进行下一个工作循环。

二、轻小型起重设备

轻小型起重设备一般只有一个升降机构，可在垂直方向进行运输，也可在水平方向进行运输。轻小型起重设备具有轻便灵巧、操作方便的特点，适用于流动性作业和临时性作业。常见的轻小型起重设备有千斤顶、起重葫芦、卷扬机等。

（一）千斤顶

千斤顶是一种起重高度低的最简单的起重设备。千斤顶可分为齿条式千斤顶（见图 4-23）、螺旋式千斤顶（见图 4-24）、液压式千斤顶（见图 4-25）。

图 4-23　齿条式千斤顶

图 4-24　螺旋式千斤顶

图 4-25　液压式千斤顶

（二）起重葫芦

起重葫芦又称滑车，是指由绳索或链条依次绕过若干滑轮所组成的简单起重设备。按驱动方式划分，起重葫芦可分为手拉葫芦、手扳葫芦、电动葫芦。

（1）手拉葫芦（见图 4-26）是指用人力通过曳引链和链轮驱动的起重葫芦。手拉葫芦是一种简易、轻便、耐用的手动起重设备，适用于无电源地区的货物起吊作业。

（2）手扳葫芦（见图 4-27）是指用人力通过扳手柄驱动的起重葫芦。

（3）电动葫芦（见图 4-28）是指由电动机驱动的起重葫芦。电动葫芦自身重力小、作业效率高、操作简单，既可单独使用，也可作为起重机的起升机构。

图 4-26　手拉葫芦

图 4-27　手扳葫芦

图 4-28　电动葫芦

（三）卷扬机

卷扬机又称绞车，是指利用卷筒卷绕钢索以提升或牵引重物的起重设备。按驱动方式划分，卷扬机可分为手动卷扬机、电动卷扬机、液压卷扬机。

手动卷扬机一般应用于作业量小、设施条件较差或无电源的场所，电动卷扬机是最常见的卷扬机，液压卷扬机广泛应用于作业量大、所需牵引力较大的场所。

三、桥架型起重设备

桥架型起重设备是指取物装置悬挂在能沿桥架梁运行的起重小车、起重葫芦等之上的起重机。桥架型起重设备主要用于厂房车间、仓库等固定作业场所的货物装卸和吊运作业。常用的桥架型起重设备包括桥式起重机、门式起重机等。

（一）桥式起重机

桥式起重机（见图 4-29）是指其桥架梁通过运行装置支承在轨道上或直接支承在承载面上的起重机。桥式起重机一般由桥架、小车、大车运行机构等部分组成。

桥式起重机的特点

图 4-29　桥式起重机

按不同的标准划分，桥式起重机可分为不同的类型。

（1）按主梁形式划分，桥式起重机可分为单主梁桥式起重机和双梁桥式起重机。单主梁桥式起重机是指具有一根主梁的桥式起重机，双梁桥式起重机是指具有两根主梁的桥式起重机。

（2）按驱动方式划分，桥式起重机可分为手动桥式起重机和电动桥式起重机。

（3）按用途划分，桥式起重机可分为通用桥式起重机和专用桥式起重机。通用桥式起重机是指具有普通用途的桥式起重机，它的吊具主要是电磁吸盘、吊钩和抓斗等。专用桥式起重机是指具有专门用途的桥式起重机，它的吊具和结构形式随用途不同而有很大差别。

（4）按吊具划分，桥式起重机可分为电磁桥式起重机、吊钩桥式起重机、抓斗桥式起重机、二用桥式起重机、三用桥式起重机。电磁桥式起重机是指将电磁吸盘作为吊具的桥式起重机；吊钩桥式起重机是指将吊钩作为吊具的桥式起重机；抓斗桥式起重机是指将抓斗作为吊具的桥式起重机；二用桥式起重机是指将抓斗和电磁吸盘，或将抓斗和吊钩作为吊具的桥式起重机；三用桥式起重机是指将吊钩、抓斗或电磁吸盘作为可分吊具的桥式起重机。

（二）门式起重机

门式起重机又称龙门式起重机，是指桥架梁通过支腿支承在轨道或承载面上的起重机。它具有场地利用率高、作业范围大、通用性强等特点，主要用于码头、露天堆场等场所。

按不同标准划分，门式起重机可分为不同的类型。

（1）按主梁形式划分，门式起重机可分为单主梁门式起重机（见图 4-30）和双梁门式起重机（见图 4-31）。

图 4-30　单主梁门式起重机

图 4-31　双梁门式起重机

（2）按用途划分，门式起重机可分为通用门式起重机、水电站门式起重机、造船门式起重机、集装箱门式起重机等。

通用门式起重机是指具有一般用途的门式起重机。水电站门式起重机是指安装在水电站坝顶上，主要用来吊运和启闭闸门、拦污栅的门式起重机。造船门式起重机是指专门用于制造船体，设在船台上的门式起重机。集装箱门式起重机是指在集装箱码头、铁路货运站、堆场等场所专用的门式起重机。

四、臂架型起重设备

臂架型起重设备是指取物装置悬挂在臂架上或沿臂架运行的小车上的起重机。臂架型起重设备主要包括流动式起重机、塔式起重机、浮式起重机、铁路起重机、甲板起重机、臂架起重机等。

（一）流动式起重机

流动式起重机是指可配置立柱（塔柱），能沿无轨路面运行，且依靠自身重力保持稳定的臂架型起重设备。

常见的流动式起重机有汽车起重机、履带起重机、轮胎起重机。

1．汽车起重机

汽车起重机（见图 4-32）是指以汽车底盘为运行底架的流动式起重机。其机动性好，但不能带载行驶，也不适合在松软或泥泞的场地上作业。汽车起重机符合公路车辆的技术要求，可在各类公路上通行。其驾驶室和起重操纵室分开设置，作业时必须伸出支腿以保持稳定。

图 4-32　汽车起重机

按起重量划分，汽车起重机可分为轻型汽车起重机、中型汽车起重机、重型汽车起重机、超重型汽车起重机。

2. 履带起重机

履带起重机（见图 4-33）是指以履带为运行底架的流动式起重机。履带起重机具有起重能力强、接地比压小、转弯半径小、爬坡能力强、不需要支腿、可带载行驶、作业稳定性强、桁架高度可自由调节等优点。

图 4-33　履带起重机

3. 轮胎起重机

轮胎起重机（见图 4-34）是指装有充气轮胎，以特制底盘为运行底架的流动式起重机。轮胎起重机适用于内河码头、货物堆场等场所，可频繁连续完成大量的散货装卸作业。

图 4-34 轮胎起重机

（二）塔式起重机

塔式起重机（见图 4-35）是指在工作状态时，臂架位于塔身的顶部，由动力驱动的臂架型起重设备。塔式起重机适用于作业区域为圆形或扇形的场所，一般用于机床等的装卸、搬运。

图 4-35 塔式起重机

（三）浮式起重机

浮式起重机（见图 4-36）又称起重船，是指以自航或拖航的专用浮船船体为支承和运行装置的臂架型起重设备。浮式起重机主要用于在码头等地进行散货装卸作业，或完成起升高度大或起吊物水下深度大等特殊情况下的货物起吊作业。

图 4-36　浮式起重机

（四）铁路起重机

铁路起重机是指安装在专用底架上沿铁路轨道运行的臂架型起重设备。铁路起重机主要用于装卸铁路机车和车辆上的货物（包括满载集装箱和其他大型货物），也可用于铁路设备安装和铁路救援。

（五）甲板起重机

甲板起重机是指安装在船舶甲板上，用于装卸船货的臂架型起重设备。甲板起重机主要由基座、回转塔架、吊臂、操纵室和操作装置等组成，具有同时起升、回转和变幅的操作能力。

（六）臂架起重机

常见的臂架起重机有门座起重机、桅杆起重机、悬臂起重机等。

（1）门座起重机是指安装在门座上，下方可通过铁路或公路车辆的移动式回转起重机，具有较大的起升高度和作业范围。按功能划分，门座起重机可分为港口门座起重机、船厂门座起重机、水利水电建设用门座起重机等。

（2）桅杆起重机（见图 4-37）是指以两端通过绳索或桅杆（或相同功能构件）为基本构件，依靠卷扬机和操作绳索工作的起重机。桅杆起重机制作简单，装拆方便，能在空间比较狭窄的作业环境中作业。

（3）悬臂起重机是指取物装置悬挂在固定的悬臂（臂架）上，或悬挂在可沿悬臂（臂架）运行的小车上的起重机。悬臂起重机属于中小型起重设备，其结构独特、安全可靠，具有高效、节能、灵活、占地面积小、易于操作与维修等特点。常见的悬臂起重机有柱式悬臂起重机（见图 4-38）、壁式悬臂起重机、自行式悬臂起重机等。

图 4-37 桅杆起重机

图 4-38 柱式悬臂起重机

介绍起重设备在物流领域的应用

1. 任务背景

不同类型的起重设备在物流领域的应用不同。轻小型起重设备常用于装卸重量较轻的货物，桥架型起重设备常用于装卸重量较重、起重高度较高的货物，臂架型起重设备常用于各类港口、堆场等地的大型货物装卸作业。

2. 实施步骤

（1）学生自由分组，每组 5～6 人，选出 1 名小组长。

（2）小组成员选择某类起重设备作为介绍对象，上网搜集、整理与该类起重设备在物流领域应用相关的资料。

（3）小组成员根据资料制作 PPT。

（4）小组长进行课堂展示。

（5）教师对各小组的表现进行点评。

任务四　熟悉连续输送设备

带式输送机系统助力中欧班列货物转运

阿拉山口口岸作为西部通道上的重要节点，距离哈萨克斯坦的多斯特克口岸仅12千米。2022年10月，两套共十条总长度超1 400米的带式输送机系统(见图4-39)在阿拉山口口岸正式投入使用。这两套带式输送机系统的顺利交付，为中欧班列的货物转运搭建了一套便捷、高效的系统，极大地提高了口岸的货物转运效率。

图4-39　带式输送机系统

这两套带式输送机系统采用下层驱动站的结构，为同期配备的装车、卸车设备提供了充足的安装空间，并解决了球团矿石、铁精粉等货物在输送过程中易撒漏的问题。同时，这两套系统采用了大槽角上前倾托辊布置、下托辊V型前倾布置、大带宽皮带选型，配备了输送煤矿专用的密闭式导料槽和聚氨酯+合金清扫系统，从而解决了开放站场、货物转运、环境污染、货物损耗等难题，为该口岸站的高效作业提供了有力保障。

（资料来源：张文星，《铁建重工带式输送机系统在阿拉山口投入使用，助力中欧班列货物转运》，铁甲工程机械网，2022年10月8日）

请问：

（1）常见的连续输送设备有哪些？

（2）带式输送机有什么特点？

一、什么是连续输送设备

连续输送设备是指可连续地沿给定线路输送货物的机械设备。在自动化立体仓库、物流配送中心、大型货场等地使用由连续输送设备组成的搬运系统，可高效地完成对大量货物的识别、入库、装卸、分拣、出库等作业。

连续输送设备的主要性能指标

（一）连续输送设备的特点

与间歇输送设备相比，连续输送设备具有以下特点：

（1）作业过程连续、稳定。连续输送设备启动后，能够以稳定的速度沿着一定线路输送货物，且在作业过程中不会停顿。

（2）造价较低。在生产率相同的条件下，连续输送设备一般功率较小、造价较低、输送距离较长。

（3）通用性较差。不同类型的连续输送设备只适用于输送特定类型的货物，一般不适用于输送很重的单件货物或集装货物。

（4）连续输送设备一般不能自行取货，需配备合适的供货设备。

（二）连续输送设备的类型

1. 按安装方式划分

按安装方式划分，连续输送设备可分为固定式连续输送设备和移动式连续输送设备两类。

（1）固定式连续输送设备是指固定安装在一个地方，不能移动的连续输送设备。该类设备具有输送量大、单位能耗低、输送效率高等特点，主要在固定地点（如专用码头、仓库等）输送货物。

（2）移动式连续输送设备是指安装在车轮上，能移动的连续输送设备。该类设备具有机动性强、灵活等特点，但其输送量不大，输送距离较短，适用于中小型仓库。

2. 按结构特点划分

按结构特点划分，连续输送设备可分为有挠性牵引构件的连续输送设备和无挠性牵引构件的连续输送设备两类。

（1）有挠性牵引构件的连续输送设备的工作特点是利用牵引构件的连续运动使货物向一定方向输送。牵引构件是一个循环往复的封闭系统，在作业过程中，一部分牵引构件输送货物，另一部分牵引构件返回。常见的有挠性牵引构件的连续输送设备包括带式输送机、链式输送机等。

（2）无挠性牵引构件的连续输送设备的工作特点是利用工作构件的旋转运动或振动向一定方向输送货物。常见的无挠性牵引构件的输送设备包括辊子输送机、螺旋输送机、气力输送机等。

二、常见的连续输送设备

常见的连续输送设备包括带式输送机、链式输送机、辊子输送机、螺旋输送机、气力输送机等。

（一）带式输送机

带式输送机（见图 4-40）是指通过驱动装置带动胶带或链板循环运转来输送货物的输送机。带式输送机由输送带、托辊、驱动装置、头部漏斗、张紧装置、导料槽、清扫器、机架等组成。它主要用于在水平方向或坡度不大的倾斜方向连续输送散货，也可用于输送重量较轻的大宗成件货物，在仓库、港口、工厂、矿场、建筑工地上较为常见。

图 4-40　带式输送机

1. 带式输送机的特点

带式输送机具有输送效率高、输送距离长、结构简单、工作平稳、无噪声、操作方便、能耗低等优点。但是，带式输送机无法完成在垂直方向的货物输送作业。

2. 带式输送机的工作过程

带式输送机是利用输送带与驱动滚筒之间的摩擦力来驱使输送带运动的。在工作时，货物被放到输送带上后，随着输送带的运动一起被输送到卸货点，通过滚筒从输送带上卸下，输送带经清扫器和下支承托辊返回到进料处。

（二）链式输送机

链式输送机是指以链条为牵引构件，且承载构件固定在链条上的输送机。常见的链式输送机有链板输送机、刮板输送机、埋刮板输送机、斗式提升机等。

1. 链板输送机

链板输送机（见图 4-41）是指以循环运动的链条为牵引构件，以金属链板为输送承载体的输送机。链板输送机由驱动装置、张紧装置、牵引构件、链板、链轮、机架等组成。其工作原理与带式输送机相似，两者的区别在于带式输送机用输送带牵引和承载货物，利用输送带与驱动滚筒之间的摩擦力来输送货物；链板输送机则用链条牵引，用固定在链条上的板片承载货物，通过轮齿与链节的啮合来输送货物。

图 4-41　链板输送机

2．刮板输送机

刮板输送机（见图 4-42）是指以刮板链条为牵引构件，沿机槽连续输送货物的输送机。它由机槽、刮板链条、驱动装置、张紧装置等组成，刮板链条绕过头部驱动链轮和尾部张紧链轮形成闭合环路。

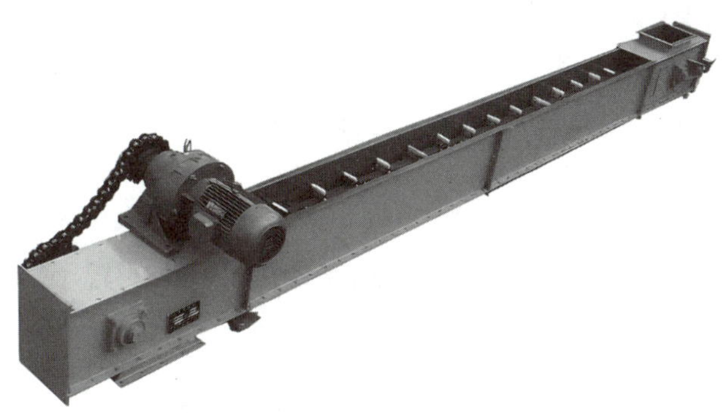

图 4-42　刮板输送机

刮板输送机具有结构简单牢固、精度要求较低、装卸方便等优点，也具有易碾碎货物、噪声较大、能耗较高等缺点。

3．埋刮板输送机

埋刮板输送机是指在封闭的机槽中靠刮板链条对货物的作用力连续输送货物的输送机。

埋刮板输送机主要由机槽、刮板链条、驱动装置、张紧装置、安全保护装置等组成，具有结构简单、密封性能好、安装维修方便、操作灵活、污染小等优点。

4. 斗式提升机

斗式提升机（见图 4-43）是指以畚斗为承载构件，以胶带或链条为牵引构件，在垂直方向输送货物的输送机。斗式提升机通常由牵引构件（胶带或链条）、畚斗、机头、机筒、机座、驱动装置、张紧装置等组成。斗式提升机主要用于输送粉状、颗粒状、中小块状的散货，如粮食、煤、水泥、黏土等，不能在水平方向输送货物。

图 4-43　斗式提升机

其工作原理如下：通过驱动装置带动牵引构件和畚斗运行，货物从机座的进料口进入机座底部，被运动着的畚斗装载并向上提升；到达机头后，货物在重力或离心力的作用下脱离畚斗，从卸料口出来。

斗式提升机的优点如下：① 结构简单，占地面积小；② 提升高度大，输送能力强；③ 能耗低。其缺点是在过载时容易堵塞、畚斗易磨损。

（三）辊子输送机

辊子输送机（见图 4-44）是指用多个并排安装在机架上的辊子输送货物的输送机。辊子输送机具有结构简单、稳定性强、安装和拆卸方便、易于维修、线路布置灵活等优点，可单独使用，也可在流水线上与其他机械设备配合使用。

图 4-44　辊子输送机

（四）螺旋输送机

螺旋输送机（见图 4-45）是指借助旋转的螺旋叶片输送货物的输送机。螺旋输送机一般由螺旋体、轴承、料槽、盖板、进料口、出料口等组成。螺旋输送机一般输送距离较短，运输效率较低，主要用于输送粉状、颗粒状和小块状货物（如面粉、谷物、矿渣等），不宜输送黏性大、易结块、大块的货物。

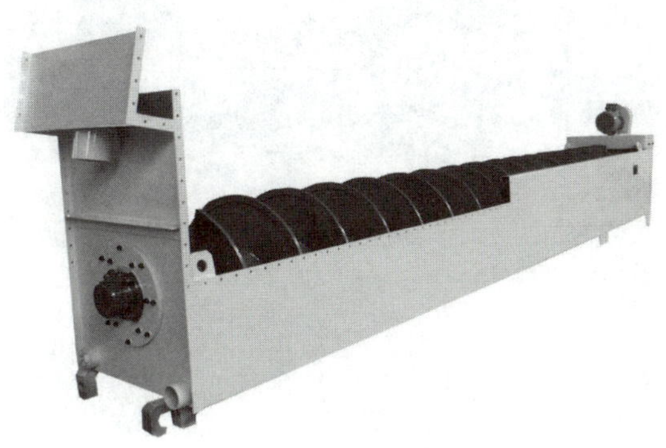

图 4-45 螺旋输送机

1. 螺旋输送机的特点

螺旋输送机的优点如下：① 结构简单，可在多点装卸货物；② 能在料槽内实现密闭输送。

螺旋输送机的缺点如下：① 能耗较高；② 螺旋体和料槽容易磨损，货物也可能受到损坏；③ 对超载较敏感，易产生堵塞问题。

2. 螺旋输送机的类型

按结构划分，螺旋输送机可分为水平螺旋输送机、立式螺旋输送机和可弯曲螺旋输送机三类。

（1）水平螺旋输送机适用于在水平方向或微倾斜方向，连续、均匀地输送质地松散的货物，其输送距离一般不大于 70 米。

（2）立式螺旋输送机在作业过程中，货物随着螺旋器高速旋转，由于离心力的作用，货物在料槽内形成若干同心圆层，货物的最外层紧贴槽壁，向上输送。

（3）可弯曲螺旋输送机是指螺旋轴和螺旋叶片由可弯曲的挠性构件组成的螺旋输送机。其具有可根据需要布置输送线路、不易产生卡堵问题、无污染、便于清洗、噪声小等优点。

（五）气力输送机

气力输送机（见图 4-46）是指在管道中利用有压力的气体输送货物的输送机。气力输送机主要由动力装置、管道、分离器、除尘器等组成，主要用于输送粉状、颗粒状、小块货物，有时也可输送成件货物。

图 4-46　气力输送机

气力输送机的优点如下：① 可以减少货损，保证货物质量；② 不受管路周围条件和气候的影响，输送效率较高；③ 输送管道可灵活布置；④ 能够直接对散货进行运输，节省包装费用，降低成本。其缺点如下：① 对被输送货物有一定的限制，不宜输送潮湿、黏性强和易碎的货物；② 在输送砂石等货物时，管道等部件容易受到磨损。

按管路内的空气压力大小划分，气力输送机可分为吸气式气力输送机、压气式气力输送机和混合式气力输送机三类。

1．吸气式气力输送机

吸气式气力输送机通过风机从整个管路系统中抽气，使管路内的气压低于外部气压，形成一定的负压。货物在吸嘴处与空气混合，由于管路内的负压而被吸入输送管路并沿管路输送，到达预定卸货点后，经空气分离器与空气分离后排出，空气经除尘、消音处理后排出。

吸气式气力输送机的最大优点是进料方便，可以由一根或几根吸料管从一个或几个供料点同时吸入颗粒状货物。其缺点是对货物的颗粒大小和密度有较大限制，且输送距离有限。

2．压气式气力输送机

与吸气式气力输送机不同，在压气式气力输送机中，空气经风机压缩后进入管路，管路内的气压高于外部气压。货物由料斗进入管路，与空气混合后沿管路被送至卸货点，经空气分离器分离后排出，空气经除尘、消音处理后排出。压气式气力输送机的最大优点是输送距离长，可连续加压。

3．混合式气力输送机

混合式气力输送机是吸气式气力输送机和压气式气力输送机的组合体，具有两者的优点，进料方便且适于长距离输送。

活学活用

某货运场平常主要开展煤炭、铁矿石、沙子等散货的储存、中转业务。该货运场计划安装一批连续输送设备，你认为应当选哪些连续输送设备？请说明理由。

任务实施

用视频介绍连续输送设备的工作过程

1. 任务背景

连续输送设备是现代物流作业中必不可少的机械设备。许多企业的物流仓库都设有连续输送设备。请上网搜集连续输送设备的相关视频，并对其工作过程进行分析和总结。

2. 实施步骤

（1）学生自由分组，每组5～6人，选出1名小组长。

（2）小组成员选择某一类连续输送设备作为介绍对象，上网搜集该类连续输送设备的相关视频并进行剪辑。

（3）小组长进行课堂展示。

（4）教师对各小组的表现进行点评。

项目自测

1. 填空题

（1）__________是指主要在码头、料场、矿山、货仓等的内部进行货物装卸、运输、升降、码垛和储存的机械设备。

（2）按用途划分，装卸搬运设备可分为__________、起重设备、输送设备等。

（3）__________是指采用货叉装载、起升、搬运载荷的工业车辆。

（4）__________是指专门用于装卸搬运带有中心孔的货物的叉车属具，常用于装卸钢板卷、钢丝卷、电线卷等卷状货物。

（5）__________是指用人力通过曳引链和链轮驱动的起重葫芦。

（6）__________是指可配置立柱（塔柱），能沿无轨路面运行，且依靠自身重力保持稳定的臂架型起重设备。

（7）__________是指以循环运动的链条为牵引构件，以金属链板为输送承载体的输送机。

2．选择题

（1）（　　）是指带有外伸支腿，货叉位于两支腿之间，载荷重心始终位于稳定性好的支承面内的码垛用起升车辆。

A．平衡重式叉车　　B．插腿式叉车

C．侧面式叉车　　D．伸缩臂式叉车

（2）下列选项中，不属于叉车属具的是（　　）。

A．货叉　　B．串杆

C．卷扬机　　D．包夹器

（3）下列选项中，属于轻小型起重设备的是（　　）。

A．千斤顶　　B．桥式起重机

C．塔式起重机　　D．浮式起重机

（4）（　　）主要用于在码头等地进行散货装卸作业，或完成起升高度大或起吊物水下深度大等特殊情况下的货物起吊作业。

A．汽车起重机　　B．塔式起重机

C．浮式起重机　　D．臂架起重机

（5）（　　）主要由机槽、刮板链条、驱动装置、张紧装置、安全保护装置等组成，具有结构简单、密封性能好、安装维修方便、操作灵活、污染小等优点。

A．埋刮板输送机　　B．带式输送机

C．链板输送机　　D．辊子输送机

（6）（　　）的工作原理如下：通过驱动装置带动牵引构件和畚斗运行，货物从机座的进料口进入机座底部，被运动着的畚斗装载并向上提升；到达机头后，货物在重力或离心力的作用下脱离畚斗，从卸料口出来。

A．辊子输送机　　B．螺旋输送机

C．斗式提升机　　D．气力输送机

3．判断题

（1）叉车能在作业区域内灵活调动，可与其他起重设备、输送设备配合工作。（　　）

（2）插腿式叉车承载能力较小，运行速度较慢，对地面的平整度要求较高。（　　）

（3）电动葫芦是一种简易、轻便、耐用的手动起重机械，适用于无电源地区的货物起吊作业。（　　）

（4）按吊臂的结构形式划分，汽车起重机可分为轻型汽车起重机、中型汽车起重机、重型汽车起重机、超重型汽车起重机。（　　）

（5）履带起重机具有起重能力强、接地比压小、转弯半径小、爬坡能力强、不需要支腿、可带载行驶、作业稳定性强、桁架高度可自由调节等优点。（　　）

4．简答题

（1）简述装卸搬运设备的作用。

（2）简述选择装卸搬运设备的原则。

（3）简述叉车的特点。

（4）简述连续输送设备的特点。

（5）简述带式输送机的工作过程。

项目评价

进行项目评价，并将评价结果填入表 4-1 中。

表 4-1　项目评价表

班级		姓名		学号		
评价项目	评价内容			分值	评分	
					自我评分	教师评分
知识（40%）	装卸搬运设备的类型和作用			5		
	选择装卸搬运设备的原则			5		
	装卸搬运车辆			10		
	起重设备			10		
	连续输送设备			10		
技能（40%）	能够讲清楚常见装卸搬运设备的基本情况			20		
	能够讲清楚 AGV 在物流活动中的应用			20		
素养（20%）	学习态度良好，遵守课堂纪律			10		
	具有团队精神			5		
	具有创新精神			5		
合计				100		
总分（自我评分×40%+教师评分×60%）						
自我评价						
教师评价						

项目五 集装箱专用设施与设备

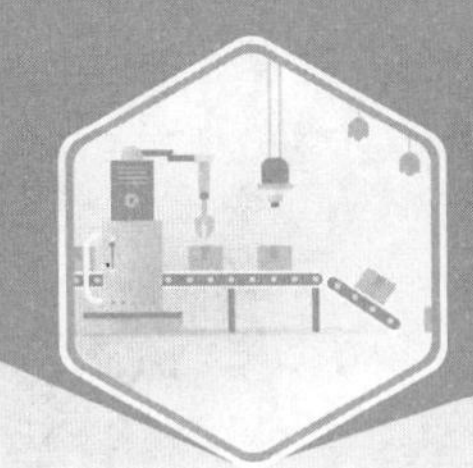

项目导读

常见的集装箱专用设施有公路集装箱中转站、铁路集装箱场站、集装箱码头等。这些地方一般配备有许多用于集装箱装卸搬运作业的设备，如岸边集装箱起重机、集装箱门式起重机、集装箱正面吊运起重机、集装箱跨运车等。自动化、智能化的集装箱设施与设备的广泛应用，大大提高了集装箱运输、装卸搬运的效率，降低了集装箱的保存、管理成本。

知识目标

- ✓ 熟悉集装箱的定义、标记、规格和类型。
- ✓ 熟悉公路集装箱中转站、铁路集装箱场站、集装箱码头。
- ✓ 熟悉集装箱吊具、岸边集装箱起重机、集装箱门式起重机、集装箱正面吊运起重机、集装箱跨运车。

素质目标

- ✓ 通过学习集装箱码头智能系统的相关知识，体会科技带来的便利，培养科研精神，牢固树立科技报国信念。

任务一 认识集装箱

任务导入

H 企业首台多用途双层集装箱顺利下线

2023 年 9 月，H 企业联合研发的首台多用途双层集装箱（见图 5-1）顺利下线。

图 5-1 多用途双层集装箱

据项目相关负责人介绍，该集装箱容量大，且配备可拆卸的坡道板，可一次性容纳四台家用汽车，能大幅提高海运出口的运输装载率。在船舶返航时，该集装箱可装载纸浆等散货，从而提高运输效能，节约运输成本。

请问：

（1）什么是集装箱？

（2）集装箱的类型有哪些？

一、什么是集装箱

集装箱是指具有足够的强度，可长期反复使用的适用于多种运输工具而且容积在 1 立方米以上（含 1 立方米）的集装单元器具。合规的集装箱须满足下列条件：

（1）具有足够的强度，在有效使用期内能反复使用。

（2）适用于一种或多种运输方式，运输途中无须倒装。

（3）设有供快速装卸的装置。

（4）便于装满和卸空箱内货物。

（5）容积大于或等于 1 立方米。

二、集装箱的标记

集装箱的标记主要由箱主代码、设备识别码、箱号、校验码组成。

（1）箱主代码由 3 个大写拉丁字母组成，具备唯一性，应在国际集装箱局（BIC）注册。

（2）设备识别码由 1 个大写拉丁字母表示。“U”表示所有集装箱，“J”表示集装箱所配置的挂装设备，“Z”表示集装箱拖挂车和底盘挂车。

（3）箱号由 6 位阿拉伯数字组成，不足 6 位时，应在前面置 0 以补足 6 位。例如，箱号为 1234 时，应以 001234 表示。

（4）校验码用于检验箱主代码和箱号传递的准确性。

三、集装箱的规格

我国集装箱的通用标准与 ISO 668：2020 标准中系列 1 集装箱的标准一致。系列 1 集装箱的外部尺寸如表 5-1 所示。

表 5-1　系列 1 集装箱的外部尺寸

型号	长度/毫米	宽度/毫米	高度/毫米
1EEE	13 716	2 438	2 896
1EE			2 591
1AAA	12 192	2 438	2 896
1AA			2 591
1A			2 438
1AX			< 2 438
1BBB	9 125		2 896
1BB			2 591
1B			2 438
1BX			< 2 438
1CCC	6 058		2 896
1CC			2 591
1C			2 438
1CX			< 2 438
1D	2 991		2 438
1DX			< 2 438

四、集装箱的类型

（一）普通货物集装箱

普通货物集装箱是指用于装运普通货物的集装箱，包括通用集装箱和专用集装箱。

1. 通用集装箱

通用集装箱（见图 5-2）是指设有刚性箱顶、侧壁、端壁和底部结构，至少在一个端部设有箱门，以便装运普通货物，且有风雨密性的全封闭普通货物集装箱。

图 5-2　通用集装箱

提　示

风雨密性是指在风浪情况下能防止水透入舱室内的密性。

2. 专用集装箱

专用集装箱是指具有能够不通过箱体的端门进行货物装卸，以及透气或通风等功能的特殊结构的普通货物集装箱。专用集装箱可进一步分为封闭式通风集装箱、敞顶集装箱、平台式集装箱、台架式集装箱。

（1）封闭式通风集装箱是指具有刚性箱顶、箱壁与箱门，以及与外界大气进行气流交换装置的全封闭集装箱。其既能进行自然通风，也能借助通风机械通风。

（2）敞顶集装箱（见图 5-3）是指没有刚性箱顶，但具有通过可转动或可拆卸的顶梁来支撑的柔性顶篷或可移动的刚性顶盖的集装箱。

（3）平台式集装箱（见图 5-4）是指载货平台没有上部结构的集装箱。

（4）台架式集装箱（见图 5-5）是指无侧壁且底部结构与平台式集装箱相同的集装箱。

图 5-3　敞顶集装箱

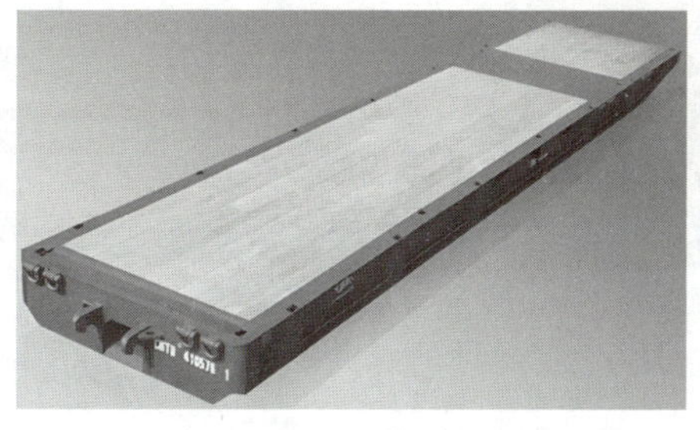

图 5-4　平台式集装箱

图 5-5　台架式集装箱

（二）特种货物集装箱

特种货物集装箱是指用于装运温控货物、液态或气态货物、散货、汽车、活物等特种货物的集装箱。特种货物集装箱包括保温集装箱、罐式集装箱、干散货集装箱、以货种命名的集装箱等。

（1）保温集装箱（见图 5-6）是指设有隔热的壁板、箱门、箱底和箱顶，以减少箱内、外热量交换的集装箱。常见的保温集装箱有冷藏集装箱、加热式集装箱等。

（2）罐式集装箱（见图 5-7）是指外部有刚性框架，内部有罐体，适用于装运液体、气体和粉状固体货物的集装箱。

图 5-6　保温集装箱

图 5-7　罐式集装箱

（3）干散货集装箱是指用于装运无包装干散货，设有便于装满和卸空货物的开口的集装箱。

（4）以货种命名的集装箱是指专门或主要用于装运某种特定货物的集装箱，如汽车集装箱、牲畜集装箱、危险货物集装箱等。

（三）空运集装箱

空运集装箱包括航空集装箱和空陆水联运集装箱。航空集装箱是指适用于空运，具有平齐的底面和在飞机内限动的相应装置，能在飞机上设置的辊道系统上平移或转向的轻型集装箱。空陆水联运集装箱是指既具有航空集装箱特点，又能适应水运和陆运条件并满足多式联运需求的联运集装箱。

活学活用

请根据下列货物的特点，选择合适的集装箱：

（1）铁矿石、铜矿石。

（2）汽车。

（3）液态化学药品。

（4）冷冻鱼、虾等。

（5）衣服、鞋子等。

任务实施

介绍不同类型集装箱的具体区别

1. 任务背景

不同类型的集装箱有一定的区别，如不同类型的集装箱在外观、容量、用途等方面存在差别，其标记也会有明显的区别。

2. 实施步骤

（1）学生自由分组，每组5～6人，选出1名小组长。

（2）小组成员搜集、整理关于不同类型集装箱的规格、标记、外观、容量、用途等资料。

（3）小组成员根据资料对不同类型的集装箱进行对比，并将结果制作成视频或PPT。

（4）小组长进行课堂展示。

（5）教师对各小组的表现进行点评。

任务二 熟悉集装箱货运站

任务导入

2022年上海港集装箱吞吐量突破4 730万TEU大关

根据上海国际港务（集团）股份有限公司发布的统计数据，2022年，上海港集装箱吞吐量突破4 730万TEU大关，连续13年位居全球第一。

上海港集装箱吞吐量屡创新高，离不开科技创新、新业态发展、新区域开拓等。例如，上海洋山四期自动化码头（见图5-8）采用全自动化码头智能生产管控系统和人工智能算法，使集装箱码头的人工干预率降低95%以上，作业效率提高10%以上，保证了港口的高效、稳定运行，促进港口服务能力升级。

图5-8 上海洋山四期自动化码头

（资料来源：王力，《顺应绿色、低碳、智能航运发展新趋势，马力全开进军港口数字化转型 上海港集装箱吞吐量十三连冠》，上海市人民政府官网，2023年1月3日）

请问：

（1）常见的集装箱货运站有哪些？

（2）集装箱码头的主要设施有哪些？

集装箱货运站是指为拼箱货装箱和拆箱的船、货双方办理交接的场所。常见的集装箱货运站有公路集装箱中转站、铁路集装箱场站、集装箱码头等。

一、公路集装箱中转站

公路集装箱中转站是指专门办理集装箱中转运输业务的汽车站。它通常设立在铁路集装箱场站或集装箱码头附近，作为铁路运输和水路运输向内陆腹地延伸的基地和枢纽。

（一）公路集装箱中转站的组成部分

公路集装箱中转站由主作业区和辅助区两部分组成。

1. 主作业区

公路集装箱中转站的主作业区主要包括业务办公房、拆装箱货物仓库、车辆和机械设备维修车间、集装箱堆场等。

（1）业务办公房主要包括商务办公房、生产调度办公房和信息中心，以及监管部门的联合办公房。其中，商务办公房包括商务作业人员工作间和收发货人办理托运、提货手续的场所，信息中心包括机房与工作人员的办公场所和供信息发布及用户查阅的场所。

（2）拆装箱货物仓库可双面作业也可单面作业，主要完成集装箱拼箱货的集货、分拣、暂时储存作业，以及某些中转货物的中转储存作业。

（3）车辆和机械设备维修间包括主维修间、辅助维修间和材料库房等。

（4）集装箱堆场（见图 5-9）由集装箱空重箱堆场、拆装箱作业场、货物堆场和仓库等组成，主要完成集装箱卡车进场卸箱作业、出场拼箱作业和日常堆存作业等。集装箱堆场一般会划分为不同堆存区域，分别堆存空集装箱、保温箱、危险货物箱等。

图 5-9　集装箱堆场

2. 辅助区

辅助区主要包括生产辅助设施和生活服务设施。生产辅助设施主要包括动力设施、供水设施、供热设施、环保设施、消防设施等。生活服务设施主要包括食宿设施和其他服务设施。各公路集装箱中转站一般根据自身级别和需要设置生产辅助设施和生活服务设施。

视野拓展

公路集装箱中转站的级别

根据年箱运组织量和年箱堆存量，公路集装箱中转站可分为三个等级。

一级站：位于沿海地区，年箱运组织量在 30 000 TEU 以上或年箱堆存量在 9 000 TEU 以上的集装箱中转站；位于内陆地区，年箱运组织量在 20 000 TEU 以上或年箱堆存量在 6 000 TEU 以上的集装箱中转站。

二级站：位于沿海地区，年箱运组织量为 16 000～30 000 TEU 或年箱堆存量为 6 500～9 000 TEU 的集装箱中转站；位于内陆地区，年箱运组织量为 10 000～20 000 TEU 或年箱堆存量为 4 000～6 000 TEU 的集装箱中转站。

三级站：位于沿海地区，年箱运组织量为 6 000～16 000 TEU 或年箱堆存量为 3 000～6 500 TEU 的集装箱中转站；位于内陆地区，年箱运组织量为 4 000～10 000 TEU 或年箱堆存量为 2 500～4 000 TEU 的集装箱中转站。

（二）公路集装箱中转站的功能

一般来说，公路集装箱中转站具有以下功能：

（1）运输组织功能，如组织、安排集装箱货运活动。

（2）集装箱装卸、堆存功能。

（3）集装箱拆装箱和货物仓储功能，如提供拆箱、卸货、理货服务，以及在专门仓库储存、保管集装箱货物的服务。

（4）集装箱还箱、检查、清洗、消毒和维修功能。

（5）货运代理功能，如受理托运，代办联运业务。

（6）信息处理功能，如处理公路集装箱货运信息。

（7）辅助服务功能，如提供车辆加油和停放服务等。

二、铁路集装箱场站

铁路集装箱场站包括铁路集装箱中心站和铁路集装箱办理站。

（一）铁路集装箱中心站

铁路集装箱中心站（见图 5-10）是指有先进的仓储设施和技术装备，能够整列编解、装卸、日处理 1 000 TEU，具备物流配套服务和洗箱、修箱条件，以及进出口报关、报验等功能的集装箱铁路集散地和班列到发地。

图 5-10　铁路集装箱中心站

一般来说，铁路集装箱中心站的作业区域可分为主箱场和辅助箱场。主箱场的集装箱作业频率较高，作业流程复杂；辅助箱场的集装箱作业频率较低，作业流程简单。

1. 主箱场

主箱场包括发送箱区和到达箱区。

（1）发送箱区主要储存本站预发送的各种普通集装箱和在本站中转的集装箱。

（2）到达箱区主要储存到达本站的各种普通集装箱和在本站暂存的空集装箱。

2. 辅助箱场

按集装箱作业性质划分，辅助箱场可分为待修箱区、有特殊作业要求的集装箱箱区、清洗箱区、空箱区、国际箱监管区、备用箱区等。

（1）待修箱区主要储存需要检修的各种集装箱。

（2）有特殊作业要求的集装箱箱区主要储存冷藏集装箱、危险货物集装箱、牲畜集装箱等。

（3）清洗箱区主要储存各种需进行清洗和消毒处理的集装箱。

（4）空箱区主要储存卸空后返回车站的空集装箱，以及由其他站、集装箱工厂调运到本站的空集装箱。

（5）国际箱监管区主要用于储存从本站发出或到达本站的各种国际集装箱。

（6）备用箱区主要用于保管、储存与本站签有集装箱堆存保管协议的企业卸空后返回的自备空箱。

（二）铁路集装箱办理站

铁路集装箱办理站是指具备处理铁路集装箱运输业务能力的铁路站点。铁路集装箱办理站一般会配备简单的集装箱装卸设备、搬运设备、检修设备、清洗设备和站内信息传输系统。

铁路集装箱办理站一般具有以下特点：

（1）有适合集装箱堆存、装卸的场地。

（2）装卸线数量和长度满足作业需要。

（3）具备集装箱称重计量和安全监测条件。

（4）配备集装箱专用装卸机械。

（5）具备良好的硬件、软件和计算机网络环境，能够应用与集装箱运输相关的信息系统。

（6）可办理特种货物箱和专用箱的运输作业。

三、集装箱码头

集装箱码头（见图 5-11）是指专供集装箱船停靠和进行装卸作业的码头。

图 5-11　集装箱码头

（一）集装箱码头的必要设施

集装箱码头应具备的基本条件

集装箱码头的必要设施有泊位、码头前沿作业地带、集装箱堆场、集装箱货运站、控制塔、进出港闸口、维修车间等。

（1）泊位是指港区内供集装箱船停泊并进行装卸作业的水域和相应设施。

（2）码头前沿作业地带是指从泊位岸线到集装箱堆场之间的码头区域，包括集装箱装卸区、卡车行驶区、舱盖板堆放区等。

（3）集装箱堆场是指在集装箱船进港前，根据船舶配载图堆放预装船集装箱的场地和按交货计划暂存预卸船集装箱的场地。

提 示

船舶配载图一般是指集装箱船上表示各舱室货物装载位置的计划图。

（4）集装箱货运站是指主要对拼箱货物的集装箱进行装箱和拆箱作业，并对这些货物进行储存、维护和收发交接作业的场所。

（5）控制塔又称控制中心、中心控制室、指挥塔，是集装箱码头各项作业的指挥调度中心，主要用于监督、调整、指挥集装箱码头的各项作业。它一般设置在集装箱码头办公楼的最高层。

（6）进出港闸口是集装箱码头的出入口，一般设有地磅、IC 卡机、栏杆、箱号自动识别系统等。

（7）维修车间是对集装箱和集装箱装卸搬运设备进行检查、维修和保养的地方。

（二）集装箱码头的智能系统

随着国内自动化码头建设和传统人工码头智能化转型的发展，我国集装箱码头作业的自动化、智能化水平不断提高，越来越多的集装箱码头通过使用智能系统，提高了集装箱作业效率。

常见的集装箱码头智能系统包括智能卸船系统、智能收箱系统、智能配载系统等。

1．智能卸船系统

智能卸船系统是一种在卸船时自动为集装箱分配位置的系统。它可自动对卸船集装箱进行分组归类，并根据待卸集装箱的数量、已卸集装箱的数量与堆存状态、场地情况、设备情况等动态规划集装箱的堆存位置，组织多艘船舶同时进行集装箱卸船作业。

集装箱码头使用智能卸船系统具有以下意义：

（1）减少人工的工作量。智能卸船系统可自动为集装箱分配卸货位置，从而减少人工制订场地计划的工作量。

（2）实时调整位置，提高卸船效率。智能卸船系统可根据作业情况，实时自动调整待卸集装箱的堆存位置，且整个过程可在几秒内完成，大大提高了集装箱卸船效率。

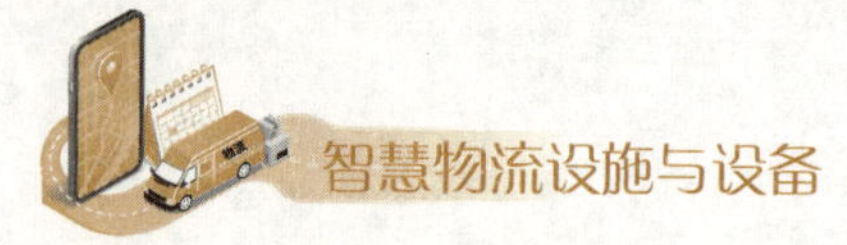

（3）有序堆存集装箱，提高提箱效率。智能卸船系统可按科学的选位算法，将提单号相同的集装箱有序堆放在一起，从而减少提箱时翻箱的时间，提高提箱效率。

提 示

提箱是指将集装箱送达收货人指定地点的过程。

2．智能收箱系统

智能收箱系统是指利用集装箱码头的历史配载数据和收箱数据构建概率模型，确定分港分吨规则、场地计划方案，并由计算机系统动态地为进入集装箱堆场的集装箱分配位置的系统。它能根据不同航次、不同装船作业模式制订有针对性的收箱规则，并以此来优化集装箱堆存状态，提高集装箱作业各环节的效率和集装箱堆场利用率。

3．智能配载系统

智能配载系统是指利用人工智能算法，综合考虑设备情况、任务分布情况、集装箱堆存状态等因素，根据船舶适航要求、码头作业要求等，自动将集装箱配载到目标集装箱船箱位上的系统。

智能配载系统具有以下优势：① 大幅提高配载效率；② 降低人工劳动强度；③ 避免人工操作失误，保证配载作业的质量。

科技之光

山东港口渤海湾港全流程自动化升级

自山东省港口集团有限公司（以下简称“山东港口”）一体化改革以来，山东港口渤海湾港集团有限公司（以下简称“山东港口渤海湾港”）严格按照山东港口的智慧港口建设方案，根据港口干散货生产作业的实际情况，联合相关院校和科研机构，持续深入开展码头前沿科技自主创新，全力攻关通用干散货码头全流程自动化研究与应用。

为实现通用干散货码头自动化、无人化作业的目标，山东港口渤海湾港针对传统集装箱码头作业模式中存在的散货分类困难、设备控制复杂、应用场景多变等难题，采用工业物联网、5G、人工智能等前沿技术，自主研发了“四系统一平台”（门机自动化系统、智能料斗系统、自卸车无人驾驶系统、远控清舱系统、智慧管控平台）自动控制技术，首创多项智能化工艺与装备技术标准，在国内外首次实现通用干散货码头的自动化作业。

经测算，全流程自动化作业模式可帮助山东港口渤海湾港节约年人工成本57%以上，提高综合作业效率5%以上。

（资料来源：马榕蔚，《山东港口渤海湾港全流程自动化升级》，中国水运网，2023年9月5日）

任务实施

介绍集装箱码头

1．任务背景

集装箱码头是国际货运的重要中转站，每天都有大量的集装箱在集装箱码头装卸、堆存或转运。随着科技的发展，越来越多的集装箱码头开始了自动化转型。

2．实施步骤

（1）学生自由分组，每组5～6人，选出1名小组长。

（2）小组成员选择一个集装码头作为介绍对象，搜集、整理该集装箱码头的相关资料，如集装箱码头的布局、相关物流设施设备和发展现状等。

（3）小组成员根据资料制作视频或PPT。

（4）小组长进行课堂展示。

（5）教师对各小组的表现进行点评。

任务三　掌握集装箱装卸搬运设备

任务导入

新一代高效岸边集装箱起重机正式下线

2022年11月，新一代高效岸边集装箱起重机在A公司的制造基地成功下线。A公司表示，该岸边集装箱起重机投入使用后，港口单泊位通过能力达到150 TEU。

该岸边集装箱起重机采用了独立运行的上下穿越式双小车新型构架，在传统岸边集装箱起重机单小车的基础上，增加了一部下小车，使两部小车同时独立作业，大幅提高了作业效率。此外，该岸边集装箱起重机还采用了智能动态减震系统、新型节能系统、智能控制系统、智能双小车ECS系统等，因而具有作业效率高、绿色节能、运行平稳、操作灵活、维护保养方便等优势。

该岸边集装箱起重机的成功下线，对提高集装箱装卸效率、港口吞吐量，减少船舶在港停靠时间，降低海运物流成本具有积极作用。

请问：

（1）常见的集装箱装卸搬运设备有哪些？

（2）岸边集装箱起重机的主要工作机构有哪些？

集装箱装卸搬运设备是专门用于完成集装箱装卸搬运任务的设备，常见的集装箱装卸搬运设备有集装箱吊具、岸边集装箱起重机、集装箱门式起重机、集装箱正面吊运起重机、集装箱跨运车等。

一、集装箱吊具

集装箱吊具的主要部件

集装箱吊具是指专用于吊运集装箱的吊具，如图 5-12 所示。它通过吊具上的转锁与集装箱顶部或底部的四个角件相连接，通过提升机构提起并吊运集装箱。

图 5-12　集装箱吊具

集装箱吊具可分为固定式吊具和伸缩式吊具。

（一）固定式吊具

固定式吊具是不可伸缩的吊具，可分为直接吊装式吊具、可更换式吊具、主从式吊具、子母式吊具等。

（1）直接吊装式吊具是指只适用于起吊一种尺寸的集装箱的吊具。若要起吊不同尺寸的集装箱，必须更换吊具。

（2）可更换式吊具是指可更换的、用于吊运 1CC（20 英尺）或 1AA（40 英尺）集装箱的吊具。

（3）主从式吊具（见图 5-13）又称组合式吊具，由上下两个吊具组合而成。其上吊具一般为 1CC 集装箱专用吊具，下吊具一般为 1AA 集装箱专用吊具，可吊运 1AA 集装箱。

（4）子母式吊具又称换装式吊具，由上下两个吊具组合而成。其上吊具一般为 1CC 集装箱专用吊具，下吊具一般为 1AA 集装箱专用吊具，上下吊具分别与吊架相连，可吊运 1CC 或 1AA 集装箱。与主从式吊具相比，它自身重力较轻，但更换吊具花费的时间较长。

图 5-13　主从式吊具

（二）伸缩式吊具

伸缩式吊具（见图 5-14）可根据集装箱尺寸调节大小，主要用于岸边集装箱起重机和龙门起重机等大型装卸设备上，可分为液压伸缩吊具和机械伸缩吊具。

图 5-14　伸缩式吊具

二、岸边集装箱起重机

岸边集装箱起重机是指在集装箱码头前沿，可沿岸边移动，在对准船舶货位后进行装卸作业的集装箱起重机。岸边集装箱起重机一般设置于集装箱码头，是进行集装箱装卸作业的专用设备，装卸效率高。

（一）岸边集装箱起重机的主要工作机构

岸边集装箱起重机的主要工作机构包括起升机构、小车运行机构、大车运行机构。

（1）起升机构由电机、制动器、联轴器、减速器、电缆卷筒等组成。

（2）小车运行机构是指使起重小车横移的机构，设有减摇装置，以减少货物摇摆幅度，保证作业安全。

（3）大车运行机构是整台起重机的移运机构，由电动机、控制器、联轴器、传动轴、减速器、角形轴承箱、车轮等组成。大车运行机构须具备良好的调速和制动性能。

（二）岸边集装箱起重机的类型

按门架形式划分，岸边集装箱起重机可分为A形门架岸边集装箱起重机和H形门架岸边集装箱起重机。

（1）A形门架岸边集装箱起重机（见图5-15）是指海侧门框和陆侧门框在顶部相交且门架呈A形的岸边集装箱起重机。

图5-15　A形门架岸边集装箱起重机

（2）H形门架岸边集装箱起重机（见图5-16）是指海侧门框和陆侧门框平行且门架呈H形的岸边集装箱起重机。与A形门架岸边集装箱起重机相比，H形门架岸边集装箱起重机的应用更广泛。

图5-16　H形门架岸边集装箱起重机

三、集装箱门式起重机

集装箱门式起重机是集装箱码头、铁路货运站、堆场专用的门式起重机。按行走部分划分，集装箱门式起重机可分为轮胎式集装箱门式起重机和轨道式集装箱门式起重机两种。

（一）轮胎式集装箱门式起重机

轮胎式集装箱门式起重机（见图 5-17）是指行走部分采用轮胎支承的集装箱门式起重机。它由台车回转装置、起升机构、大车运行机构、小车运行机构和伸缩式吊具等组成。由于有轮胎支承，轮胎式集装箱门式起重机可灵活地从一个作业位置转移到另一个作业位置。

图 5-17 轮胎式集装箱门式起重机

（二）轨道式集装箱门式起重机

轨道式集装箱门式起重机（见图 5-18）是指行走部分采用钢轮支承的集装箱门式起重机。它上有两个双悬臂的门架，两侧门腿用下横梁连接，两侧悬臂用上横梁连接，门架通过大车运行机构在地面铺设的轨道上行走。轨道式集装箱门式起重机作业范围固定，作业能力强，适用于作业繁忙、不需要频繁更换作业位置的码头，或货物吞吐量大、前沿港域不足而后方堆场较大的码头。

图 5-18 轨道式集装箱门式起重机

与轮胎式集装箱门式起重机相比，轨道式集装箱门式起重机具有以下优点：① 作业范围较大，可跨越的集装箱数量多；② 码垛层数多，可堆放5～6层集装箱；③ 结构简单，维修保养容易。但是，它必须沿轨道运行，作业范围受限，灵活性较差。

活学活用

请对比岸边集装箱起重机和集装箱门式起重机，简要分析两者的区别。

四、集装箱正面吊运起重机

集装箱正面吊运起重机（见图5-19）是一种装在自行轮胎底盘上的伸缩臂架式集装箱起重机。它主要由工程机械底盘、伸缩臂架和集装箱吊具等组成，可以在一定运行范围内垂直升降和水平移动集装箱。

图5-19　集装箱正面吊运起重机

（一）集装箱正面吊运起重机的特点

（1）有可伸缩和回转180°的吊具，特别适于在集装箱货场作业。

（2）有能带载变幅的伸缩臂架，可同时进行臂架伸缩和变幅，且臂架升降速度较快。

（3）作业范围大，能码垛多层集装箱并进行跨箱作业。

（4）具有多种保护功能，如防倾覆保护、旋锁动作保护等。

（5）加装吊钩后，可吊装其他重大件货物。

（二）集装箱正面吊运起重机的类型

按结构形式划分，集装箱正面吊运起重机可分为单臂架集装箱正面吊运起重机和双臂架集装箱正面吊运起重机两种。

1. 单臂架集装箱正面吊运起重机

单臂架集装箱正面吊运起重机结构简单，臂架为两级伸缩式单起重臂，由两个液压缸支撑。由于其吊具与臂架是单支点连接，因此在吊运重心偏移的集装箱时需要使用横移吊具来保持平衡。

2．双臂架集装箱正面吊运起重机

双臂架集装箱正面吊运起重机采用双起重臂，每个臂架分别由一个液压缸支撑。

与单臂架集装箱正面吊运起重机相比，它具有以下特点：

（1）两个臂架可以分别作业，也可同步作业。

（2）吊具稳定性较好，在吊运重心偏移的集装箱时也不会引起吊具摆动或倾斜。

（3）臂架载荷分布合理。

（4）结构复杂，机动性较差。

五、集装箱跨运车

集装箱跨运车（见图 5-20）主要承担从码头前沿到堆场的水平运输作业和集装箱堆场的集装箱码垛工作。集装箱跨运车由门形车架、起升机构、传动系统、转向和制动系统、电气控制系统等组成，具有机动灵活、效率高、稳定性好、轮压低等特点。

图 5-20　集装箱跨运车

任务实施

介绍集装箱设备

1．任务背景

除本任务介绍的集装箱装卸搬运设备外，常见的集装箱装卸搬运设备还有集装箱船、集装箱叉车、集装箱挂车等。此外，随着科技的发展，一些智慧化的集装箱设备也逐渐运用到物流中。

2. 实施步骤

（1）学生自由分组，每组 5～6 人，选出 1 名小组长。

（2）小组成员选择一种集装箱设备作为介绍对象，搜集和整理与该集装箱设备相关的资料。

（3）小组成员根据资料制作视频或 PPT。

（4）小组长进行课堂展示。

（5）教师对各小组的表现进行点评。

项目自测

1. 填空题

（1）________是指具有足够的强度，可长期反复使用的适用于多种运输工具而且容积在 1 立方米以上（含 1 立方米）的集装单元器具。

（2）__________是指没有刚性箱顶，但具有通过可转动或可拆卸的顶梁来支撑的柔性顶篷或可移动的刚性顶盖的集装箱。

（3）______________是指专门办理集装箱中转运输业务的汽车站。

（4）集装箱码头的必要设施有__________、__________、__________、集装箱货运站、控制塔、进出港闸口、维修车间等。

（5）__________是指在集装箱码头前沿，可沿岸边移动，在对准船舶货位后进行装卸作业的集装箱起重机。

2. 选择题

（1）1AAA 型集装箱的标准长度和高度分别为（　　）。

A．12 192 毫米和 2 896 毫米

B．9 125 毫米和 2 896 毫米

C．12 192 毫米和 2 591 毫米

D．12 192 毫米和 2 438 毫米

（2）下列选项中，不属于专用集装箱的是（　　）。

A．封闭式通风集装箱　　B．敞顶集装箱

C．平台式集装箱　　D．空运集装箱

（3）在公路集装箱中转站的主作业区中，（　　）由集装箱空重箱堆场、拆装箱作业场、货物堆场和仓库等组成，主要完成集装箱卡车进场卸箱作业、出场拼箱作业和日常堆存作业等。

A．拆装箱作业场　　B．业务办公房

C．集装箱堆场　　D．拆装箱库

（4）下列选项中，不属于集装箱码头智能系统的是（ ）。

A．智能卸船系统　　B．智能收箱系统

C．智能配载系统　　D．列车智能调度系统

（5）（ ）又称组合式吊具，由上下两个吊具组合而成。其上吊具一般为1CC集装箱专用吊具，下吊具一般为1AA集装箱专用吊具，可吊运1AA集装箱。

A．固定式吊具　　B．主从式吊具

C．子母式吊具　　D．可更换式吊具

（6）（ ）适用于作业繁忙、不需要频繁更换作业位置的码头，或货物吞吐量大、前沿港域不足而后方堆场较大的码头。

A．A形门架岸边集装箱起重机　　B．H形门架岸边集装箱起重机

C．轮胎式集装箱门式起重机　　D．轨道式集装箱门式起重机

3．判断题

（1）设备识别码由1个大写拉丁字母表示。“U”表示集装箱拖挂车和底盘挂车；“J”表示集装箱所配置的挂装设备；“Z”表示所有集装箱。（ ）

（2）特种货物集装箱包括保温集装箱、罐式集装箱、干散货集装箱、封闭式通风集装箱等。（ ）

（3）按行走部分划分，集装箱门式起重机可分为轮胎式集装箱门式起重机和轨道式集装箱门式起重机两种。（ ）

4．简答题

（1）简要介绍特种货物集装箱。

（2）简述公路集装箱中转站的功能。

（3）简要介绍集装箱门式起重机。

项目评价

进行项目评价，并将评价结果填入表 5-2 中。

表 5-2　项目评价表

<table>
<tr><td>班级</td><td></td><td>姓名</td><td></td><td>学号</td><td colspan="2"></td></tr>
<tr><td rowspan="2">评价项目</td><td colspan="3" rowspan="2">评价内容</td><td rowspan="2">分值</td><td colspan="2">评分</td></tr>
<tr><td>自我评分</td><td>教师评分</td></tr>
<tr><td rowspan="3">知识
（40%）</td><td colspan="3">集装箱的定义、标记、规格、类型</td><td>10</td><td></td><td></td></tr>
<tr><td colspan="3">集装箱货运站</td><td>15</td><td></td><td></td></tr>
<tr><td colspan="3">集装箱装卸搬运设备</td><td>15</td><td></td><td></td></tr>
<tr><td rowspan="3">技能
（40%）</td><td colspan="3">能够区分不同类型的集装箱</td><td>15</td><td></td><td></td></tr>
<tr><td colspan="3">能够讲清楚集装箱货运站的主要设施</td><td>15</td><td></td><td></td></tr>
<tr><td colspan="3">能够搜集、整理资料，并制作 PPT</td><td>10</td><td></td><td></td></tr>
<tr><td rowspan="3">素养
（20%）</td><td colspan="3">学习态度良好，遵守课堂纪律</td><td>10</td><td></td><td></td></tr>
<tr><td colspan="3">具有团队精神</td><td>5</td><td></td><td></td></tr>
<tr><td colspan="3">树立科技报国信念</td><td>5</td><td></td><td></td></tr>
<tr><td colspan="4">合计</td><td>100</td><td></td><td></td></tr>
<tr><td colspan="4">总分（自我评分×40%+教师评分×60%）</td><td colspan="3"></td></tr>
<tr><td>自我评价</td><td colspan="6"></td></tr>
<tr><td>教师评价</td><td colspan="6"></td></tr>
</table>

项目六 智慧包装与流通加工设备

项目导读

包装设备是指能完成全部或部分货物包装过程的设备。流通加工设备是指根据需要对货物进行分割、分拣、贴条码、组装等作业时所需的设备。随着科技的发展，自动化包装生产线、果蔬智能分选设备等智慧化的包装设备与流通加工设备在物流领域得到广泛应用，推动物流效率不断提高、物流成本不断下降。

知识目标

✓ 熟悉充填机、灌装机、封口机、裹包机、标签机、捆扎机、多功能包装机等包装设备。

✓ 了解自动化包装生产线的定义、组成部分和类型。

✓ 熟悉金属加工设备、玻璃加工设备、木材加工设备、生鲜食品加工设备等流通加工设备。

素质目标

✓ 通过学习“80 000 W超高功率激光切割机”案例，了解我国在科技领域取得的超高成就，坚定自信心，努力学习，为建设科技强国贡献力量。

任务一 熟悉包装设备

任务导入

某物流配送中心配备生鲜食品全自动包装生产线

为提高包装效率，节约人力成本，某物流配送中心配备了生鲜食品全自动包装生产线，如图 6-1 所示。

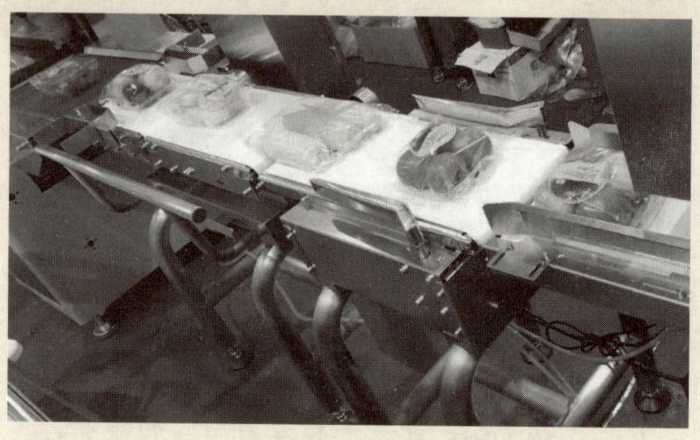

图 6-1 生鲜食品全自动包装生产线

走进该配送中心的车间，可以看到生鲜食品全自动包装生产线正有序地进行作业，摄像头拍照识别不同类型的生鲜食品，机械臂抓取生鲜食品并将其精准地投放至目标位置，由裹包设备完成最后的包装作业。

该物流配送中心的相关负责人说："该生鲜食品全自动包装生产线可 24 小时连续作业，大幅提高了包装作业的效率。"

请问：

（1）常见的包装设备有哪些？

（2）自动化包装生产线的类型有哪些？

一、常见的包装设备

为了便于运输和配送，物流企业通常需要对货物进行包装。在物流中，包装过程包括成型、填充、封口、包裹等主要工序，以及清洗、烘干、杀菌、捆扎、集装、拆卸等辅助工序。

常见的包装设备有充填机、灌装机、封口机、裹包机、标签机、捆扎机、多功能包装机等。

（一）充填机

充填机是指将货物按预定量充填到包装容器内的机器，常见的充填机有以下几种。

1. 容积式充填机

容积式充填机是指将货物按预定容量充填到包装容器内的机器。它具有减少货物在包装过程中的损失，保证货物质量的优点。

2. 量杯式充填机

量杯式充填机是指采用定量的量杯量取货物并将其充填到包装容器内的机器。它结构简单，工作速度快，计量精度低，适用于填充流动性良好的粉状、颗粒状货物，如砂糖、奶粉、盐、味精、化学药粉等。

3. 气流式充填机

气流式充填机是指利用真空吸粉规律，量取定量体积的货物，并用压缩空气将货物充填到包装容器内的机器。它计量精度高，且可防止粉尘飞散，主要用于包装医药行业、化工行业的粉状货物。

提　示

真空吸粉规律是指利用内部真空环境与外部环境的气压差，带动内部气体流动，进而带动粉状货物运动的规律。

4. 柱塞式充填机

柱塞式充填机是指采用可通过调节柱塞行程改变容量的柱塞筒量取货物，并将其充填到包装容器内的机器。它计量精度高，计量范围易于调节，工作速度慢，适用于填充粉状、颗粒状、黏稠性较强的货物。

5. 螺杆式充填机

螺杆式充填机是指通过控制螺杆旋转的转数或时间量取货物，并将其充填到包装容器内的机器。它主要用于填充流动性良好的粉状、颗粒状货物，不宜用于包装易碎的片状货物或密度较大的货物。

6. 计量泵式填充机

计量泵式填充机是指利用计量泵中齿轮的一定转数量取货物，并将其充填到包装容器内的机器。它计量速度快，适用于包装流动性好、不易结块的粉状和颗粒状货物。

7. 插管式充填机

插管式充填机是指将内径较小的插管插入储粉斗中，利用粉末之间的附着力吸粉，在卸粉工位由顶杆将插管中的粉末充填到包装容器内的机器。它计量精度低，计量范围小，适用于包装小剂量的粉状货物。

8. 称重式充填机

称重式充填机（见图 6-2）是指将货物按预定质量充填到包装容器内的机器。它结构复杂，体积较大，计量精度高，计量速度较慢，适用于包装易受潮、易结块、颗粒大小不均匀、流动性差的货物。

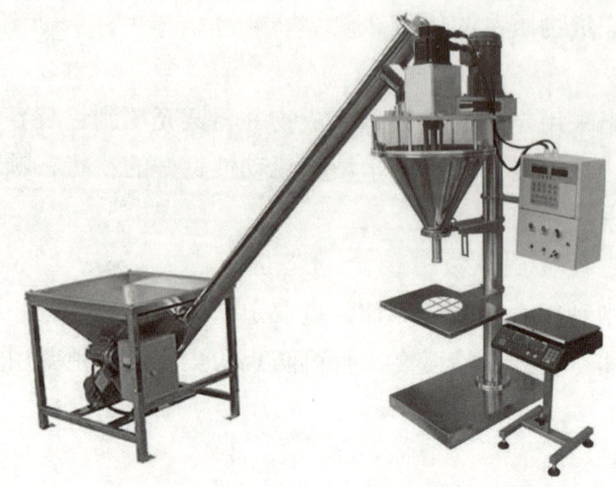

图 6-2　称重式充填机

按计重方式划分，称重式充填机可分为净重式充填机和毛重式充填机。净重式充填机是指称出预定质量的货物，并将其充填到包装容器内的机器。毛重式充填机是指在充填过程中，将货物与包装容器一起称重的机器。

9. 计数式充填机

计数式充填机是指将货物按预定数目充填到包装容器内的机器。它适用于包装块状、片状、条状、颗粒状的货物。

按计数方式划分，计数式充填机可分为转盘计数式充填机、履带式计数充填机等。转盘计数式充填机是指利用转盘上的计数板对货物进行计数，并将其充填到包装容器内的机器。履带式计数充填机是指利用履带上的计数板对货物进行计数，并将其充填到包装容器内的机器。

（二）灌装机

灌装机是指将液体货物按预定量灌注到包装容器内的机器，通常用于包装液体类食品、洗涤剂、矿物油和农药等。常见的灌装机有以下几种：

（1）负压灌装机（见图 6-3），是指先对包装容器进行抽气，使其内部形成负压，然后将液体货物充填到包装容器内的机器，适用于向玻璃瓶等容器灌装液体货物。

图 6-3　负压灌装机

（2）常压灌装机，是指在常压下将液体货物充填到包装容器内的机器，一般只适用于灌装低黏度且不含气体的液体货物，如牛奶、果汁等。

（3）等压灌装机（见图 6-4），是指先向包装容器充气，使其内部的气体压力和储液缸内的气体压力相等，然后将液体货物充填到包装容器内的机器。它可以防止液体货物在灌装过程中过度起泡，普遍用于含气饮料（如啤酒、汽水、气泡酒等）的灌装。

图 6-4　等压灌装机

（4）定量灌装机，是指通过控制充填到包装容器内的液体货物的体积进行计量和灌装的机器。它具有结构简单、密封性能好、分注液量准确、液量调整方便等特点。

（5）液位灌装机，是指通过控制充填到包装容器内的液体货物的液面高度进行计量和灌装的机器。

（三）封口机

封口机是指对包装容器进行封口的机器。其主要作用是密封保存货物，从而延长货物

的保质期，避免货物被污染或变质。常见的封口机有以下几种：

（1）热压封口机（见图 6-5），是指用热封合的方法封闭包装容器的机器，主要用于各种塑料包装袋的封口。封口后，货物包装的外形美观大方，封口部位平整且无皱褶。

图 6-5　热压封口机

（2）脉冲封口机，是指通过电脉冲元件的瞬时加热来封闭包装容器的机器。

（3）超声波封口机，是指利用超声波聚能器作用，对包装容器封口部位进行封闭包装的机器。

（4）熔焊式封口机，是指通过加热使包装容器封口部位熔融并封闭的机器，主要用于封合较厚的包装材料。

（5）压纹式封口机，是指利用滚轮在包装容器封口部位滚出螺纹或压痕以封闭包装容器的机器。

（6）折叠式封口机，是指在包装容器封口部位，进行一次或多次折叠以封闭包装容器的机器。

（7）插合式封口机，是指通过插入或翻转包装容器上的规定部分以封闭包装容器的机器。

（8）滚压式封口机，是指通过滚压使金属盖变形以封闭包装容器的机器。

（9）卷边式封口机，是指用滚轮使金属盖与包装容器开口部位互相卷曲勾合以封闭包装容器的机器，主要用于罐头类食品的封口。

（10）压力式封口机，是指通过在封口器材的垂直方向上施加预定的压力以封闭包装容器的机器。

（11）旋合式封口机，是指通过旋转封口器材以封闭包装容器的机器。

（12）缝合式封口机，是指使用缝线缝合包装容器的机器，主要用于麻袋、布袋、复合编织袋等的封口。

（13）钉合式封口机，是指使用金属钉封闭包装容器的机器。

（14）胶带式封口机，是指使用胶带封闭包装容器的机器。

（四）裹包机

裹包机是指用挠性包装材料全部或局部包裹货物的机器，广泛用于包装食品、药品、日用品、音像制品等货物。常见的裹包机有以下几种：

（1）半裹式裹包机，是指用挠性包装材料包裹货物局部表面的机器。

（2）全裹式裹包机，是指用挠性包装材料包裹货物全部表面的机器。

（3）折叠式裹包机，是指用挠性包装材料包裹货物，将末端伸出的材料折叠封闭的机器。它常用于长方体货物（如盒装糖果、盒装茶叶等）的裹包。

（4）扭结式裹包机，是指用挠性包装材料包裹货物，将末端伸出的材料扭结封闭的机器。

（5）接缝式裹包机，是指用挠性包装材料裹包货物，将末端伸出的材料通过热压方式封闭的机器，主要用于对块状货物的裹包。

（6）覆盖式裹包机，是指用两张挠性包装材料覆盖在货物的两个相对面上，通过热压或粘合方式对货物进行裹包的机器。

（7）缠绕式裹包机，是指用成卷挠性包装材料多圈缠绕货物的机器，一般用于单件货物、集装货物的裹包，或立方体、圆环状货物的缠绕裹包。

（8）拉伸包装机，是指用拉伸薄膜包裹货物的机器，常用于大型货物和托盘货物的加固包装。

（9）贴体包装机，是指将货物置于底板上，使覆盖货物的塑料薄片（膜）在加热和抽真空作用下紧贴货物，并与底板封合的机器。它可将货物紧紧包裹在塑料片（膜）和底板之间，以增强包装的防潮、防震能力。

（10）收缩包装机（见图 6-6），是指用收缩薄膜包裹货物，使薄膜收缩后裹紧货物的机器。它常用于饮料等瓶装货物及其他小型单件货物的集合包装。

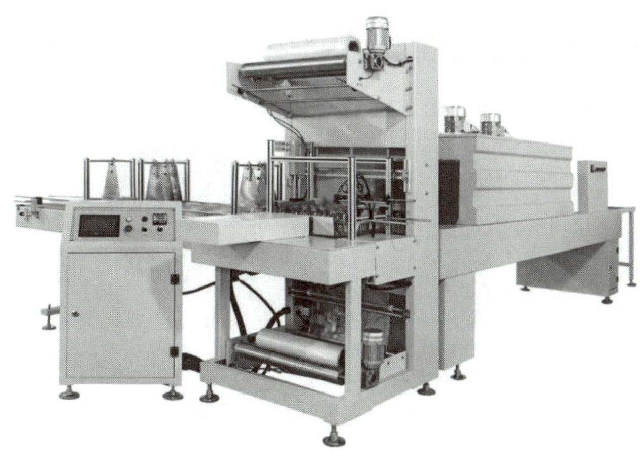

图 6-6　收缩包装机

（五）标签机

标签机是指将标签贴在包装件或货物上的机器。常见的标签机有以下几种。

（1）贴标签机（见图 6-7），是指用黏合剂将标签贴在包装件或货物上的机器。

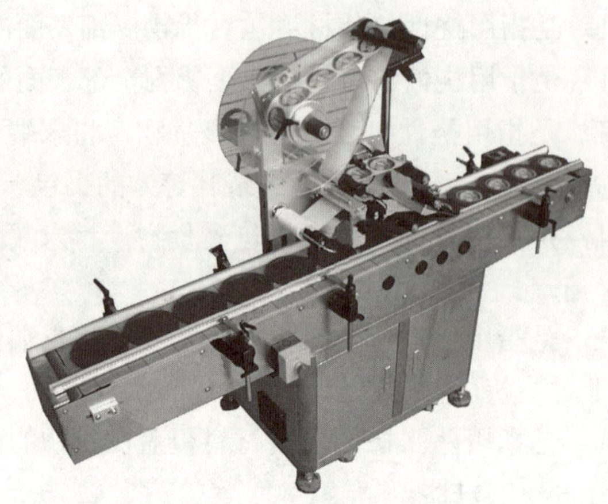

图 6-7　贴标签机

（2）不干胶标签机，是指通过加标机构将不干胶标签贴在包装件或货物上的机器。

（3）收缩标签机，是指用热收缩或弹性收缩的方法将标签紧套在包装件或货物上的机器。

（4）订标签机，是指用钉、针、线等材料将标签固定在包装件或货物上的机器。

（5）挂标签机，是指用线、带、针、钉等材料将标签或吊牌悬挂在包装件或货物上的机器。

（6）套标机，是指自动将筒标切断，使筒标准确套入包装容器的机器。

（六）捆扎机

捆扎机（见图 6-8）是指用捆扎带缠绕包装件或货物，然后收紧并将捆扎带两端通过热效应熔融或用卡扣等材料连接的机器。常见的捆扎机有以下几种：

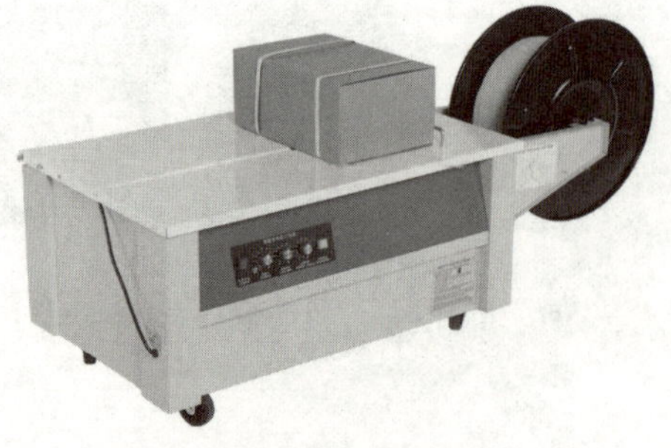

图 6-8　捆扎机

（1）机械式捆扎机，是指通过机械传动对货物进行捆扎的机器。

（2）液压式捆扎机，是指通过液压传动对货物进行捆扎的机器。

（3）气动式捆扎机，是指通过空气压力传动对货物进行捆扎的机器。

（4）捆结机，是指用线、绳等材料，将包装件或货物缠绕一圈或多圈，并将材料两端打结的机器。

（七）多功能包装机

多功能包装机是指在一台整机上可以完成两个或两个以上包装工序的机器。常见的多功能包装机有以下几种：

（1）充填—封口机，是指将货物装入包装容器，并完成封口工序的机器。

（2）真空包装机（见图6-9），是指将货物装入包装容器，抽去容器内部的空气，使容器内部达到预定真空度，并完成封口工序的机器，常用于食品包装。

图6-9　真空包装机

提　示

真空度是指真空状态下气体的稀薄程度，通常用压力值表示。

（3）充气包装机，是指将货物装入包装容器，用氮、二氧化碳等气体置换容器中的空气并完成封口工序的机器。

（4）成型—充填—封口机，是指完成包装容器的成型作业，将货物装入包装容器，并完成封口工序的机器。

提　示

成型是指借助外力或工具，将原材料或坯料（半成品）加工成具有一定形状、尺寸、组织结构、力学性能的坯体或制品的过程。

（5）泡罩包装机，是指将透明塑料片（膜）作为泡罩，用热封合、黏合等方法将货物封合在泡罩与底板之间的机器。

（6）开箱（盒）—充填—封口机，是指先将压扁的纸箱（盒）折成箱（盒），然后进行充填和封口的机器。

（7）开袋—充填—封口机，是指先将袋子竖起并打开袋口，然后进行充填和封口的机器。

（8）开瓶—充填—封口机，是指先将洁净的玻璃容器的盖子打开，然后进行充填、灌装和封口的机器。

（9）衬袋箱（盒）定型—充填—封口机，是指先将有衬袋的纸箱（盒）竖起定型，然后进行充填（可在衬袋装箱前或装箱后）和封口的机器。

（10）灌装—封口机，是指将货物灌装至在线成型或预制的包装容器内，并进行封口的机器。

活学活用

请为下列货物选择合适的包装设备。

（1）将啤酒装到玻璃酒瓶中。

（2）对腌制海鲜进行真空包装。

（3）将粉状药品装到药瓶中。

（4）给家电贴上外包装标签。

二、自动化包装生产线

（一）自动化包装生产线的定义

自动化包装生产线是指按照货物的包装顺序，利用一系列输送装置将数台不同功能的自动包装机、辅助工艺设备连接成可连续自动完成货物包装全过程的包装作业线。它由自动控制系统全程控制，可按预定的包装要求将货物、包装容器、包装材料、包装辅助材料等组装成包装成品。

自动化包装生产线的优点

自动化包装生产线是进行大规模包装作业的重要设备，适用于对品种少、批量大的货物进行包装作业。采用自动化包装生产线，有利于提高包装作业效率，保证包装作业质量，降低包装成本。

（二）自动化包装生产线的组成部分

一般来说，自动化包装生产线主要由自动包装机、输送装置、辅助工艺设备、自动控制系统等组成。

（1）自动包装机集各种具有单一功能的包装设备（包括充填机、灌装机、捆扎机、封口机等）于一体。各种包装设备在自动控制系统的控制下，按照统一的生产节奏自动完成相应的包装作业。

（2）输送装置将各个自动包装机连接起来，形成一条连续的自动化包装生产线，在各个自动包装机之间传输货物和包装材料，并最终输出包装成品。

（3）辅助工艺设备是指在自动化包装生产线上完成包装辅助作业的各种装置，包括打印机、整理机、检验机、选别机、投料装置、转向装置、分流装置、合流装置等。

（4）自动控制系统通过控制输送装置和辅助工艺设备，调节包装速度、输送速度等，实现各自动包装机有序、同步地进行包装作业。

（三）自动化包装生产线的类型

1. 按组合布局形式划分

按组合布局形式划分，自动化包装生产线可分为串联式自动化包装生产线、并联式自动化包装生产线、混联式自动化包装生产线。

（1）串联式自动化包装生产线上的各包装设备按包装流程单向顺序连接，保持生产节奏相同。这种自动化包装生产线结构简单，布局紧凑，能保持各包装设备的作业速度一致。

（2）并联式自动化包装生产线将具有相同功能的包装设备分成数组平行的包装生产线，以共同完成同一包装作业。在各平行的包装生产线之间，一般需要设置一些转向装置或合流装置。

（3）混联式自动化包装生产线是在一条自动化包装生产线上，同时采用串联和并联两种连接形式，以平衡各包装设备的生产节奏。这种自动化包装生产线一般较长，设备数量、种类较多。

2. 按连接特点划分

按连接特点划分，自动化包装生产线可分为刚性自动化包装生产线、柔性自动化包装生产线和半柔性自动化包装生产线。

（1）在刚性自动化包装生产线上，包装设备完成货物的一道包装工序后，直接将货物传送到下一道包装工序，所有包装设备按同一生产节奏作业。如果其中一台包装设备出现故障，其余包装设备均会停止作业。

（2）在柔性自动化包装生产线上，包装设备完成货物的一道包装工序后，将货物储存在中间储存装置，然后系统根据作业情况控制输送装置将货物传送到下一道包装工序。在这种自动化包装生产线上，即使某台包装设备出现故障，也不会影响其他包装设备的正常工作。

（3）半柔性自动化包装生产线由若干个区段组成，每个区段内的各台包装设备为刚性连接，各个区段为柔性连接。

3. 按货物类型划分

按货物类型划分，自动化包装生产线可分为液体货物自动化包装生产线、粉状货物自动化包装生产线、小块状货物自动化包装生产线。

（1）液体货物自动化包装生产线主要对啤酒等货物的罐式容器，矿泉水、调味品等货物的瓶类容器，牛奶、果酱等货物的软袋容器进行自动化包装作业。

（2）粉状货物自动化包装生产线主要对奶粉、蛋白粉、白糖、洗衣粉等的罐式容器或软袋容器进行自动化包装作业。

（3）小块状货物自动化包装生产线主要对糖果、糕点、肥皂等大批量、小块状的货物进行自动化包装作业。

视野拓展

啤酒自动化包装生产线

啤酒自动化包装生产线（见图 6-10）是一种典型的液体货物自动化包装生产线，它能够高效地对瓶装啤酒进行自动包装作业。

图 6-10　啤酒自动化包装生产线

啤酒自动化包装生产线一般由洗瓶机、灌装压盖机、杀菌机、贴标机、验瓶机、装箱机，以及其他配套的辅助装置（如储液罐、输送装置、上盖装置等）组成。

啤酒自动化包装生产线的作业流程一般如下：

（1）空瓶经输送装置输送入洗瓶机进行清洗。

（2）瓶子洗净后，由输送装置送入空瓶检验台，通过光电检测装置自动将不合格的瓶子筛选出来。

（3）合格的瓶子排成单列，由灌装压盖机进行灌装和压盖封装。

（4）瓶子封装完毕后，检验装置对封装好的瓶子进行检验，将不合格的瓶子筛选出来，合格的瓶子则由输送装置送入杀菌机杀菌。

（5）杀菌后，瓶子由输送装置送入贴标机贴标签，再送入装箱机装箱，然后箱子由输送装置送入封箱机封口。

（6）封口后，箱子由输送装置送入托盘码垛机，由托盘码垛机码垛在托盘上，再由叉车送入成品库。

任务实施

采访物流企业包装车间的工作人员

1．任务背景

许多物流企业的包装车间都配备了自动化包装生产线。在自动化包装生产线上有许多包装设备进行组合包装作业。请采访某物流企业包装车间的工作人员，咨询包装车间内物流设施与设备的功能、作业流程、操作方法等。

2．实施步骤

（1）学生自由分组，每组5～6人，对某物流企业包装车间的工作人员进行采访。

（2）小组成员事先确定好采访时间、采访地点、采访内容和采访流程。

（3）在采访过程中，小组成员要热情、礼貌地与被采访人交流，并做好采访记录。

（4）采访结束后，小组成员整理资料，编写采访报告。

（5）教师对各小组的采访报告进行点评。

任务二　熟悉流通加工设备

任务导入

80 000 W超高功率激光切割机

2023年9月19日，第23届中国国际工业博览会在上海举行。L公司携带旗下多款新产品参展，并在现场首次发布了80 000 W超高功率激光切割机。

此款切割机采用全新的激光控制系统和80 000 W智能激光头，既能对切割过程中的气压、保护镜/聚焦镜的污染程度、核心腔体的温度等进行实时监测与反馈，又能完成自动监控切割过程、智能穿孔、智能收刀等智能化作业。

在核心光源方面，该切割机选用的是最新研制的 80 000 W 超高功率光纤激光器。这款新型激光器拥有更高的光束质量、电光转换效率和可靠性，能在保证高效生产的同时降低耗电量和维护成本。

值得一提的是，该切割机还配备了 12 组智能传感器的智能切割头，不仅能够时刻监测切割头的内部信息，快速诊断问题，提前预警，而且能够在出现故障时快速精准定位故障模块，大大提高了设备的维修效率。

（资料来源：《极速 8 万，穿越极限——龙雕 80 000 W 超高功率激光切割机全球首发》，中国发展网，2023 年 9 月 19 日）

请问：

（1）常见的流通加工设备有哪些？

（2）80 000 W 超高功率激光切割机属于哪一类流通加工设备？

一、金属加工设备

流通加工中的金属加工设备主要是指对金属进行剪切、折弯、下料、切削加工等作业的设备，常见的金属加工设备有剪板机、折弯机、金属切割机等。

（一）剪板机

剪板机（见图 6-11）是指用于剪切板材的机器，可对各种规格的钢板、钢卷等金属材料进行加工。剪板机主要由机架、传动系统、刀架、压料器、刀片间隙调整装置、挡料装置、灯光对线装置、托料器、润滑装置、电气控制装置等部件组成。

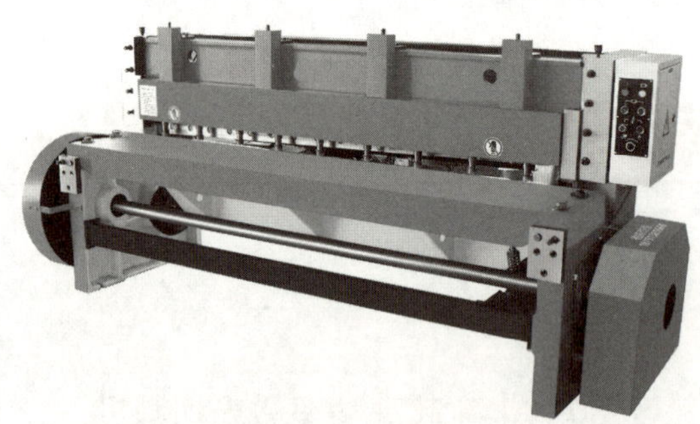

图 6-11 剪板机

（二）折弯机

折弯机（见图 6-12）是指能将板材折成一定形状的机器，主要由机架、工作台、挡料装置、传动系统等部件组成。折弯机可分为液压板材折弯机和机械板材折弯机。

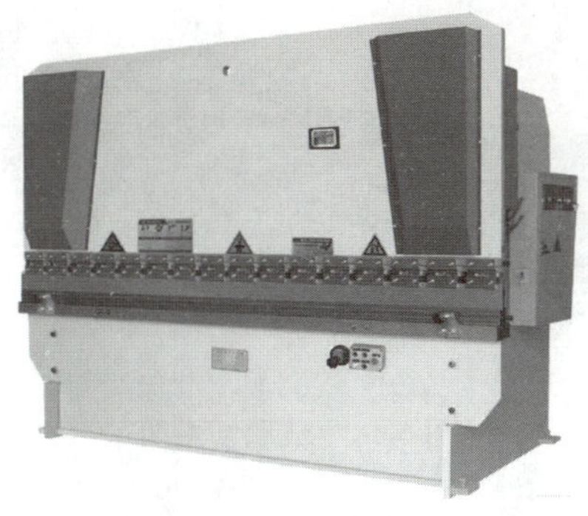

图 6-12　折弯机

（三）金属切割机

金属切割机是指用于切割各种金属板材、管材、型材等金属材料的机器。按热源划分，金属切割机可分为火焰切割机、等离子切割机、激光切割机。

（1）火焰切割机（见图 6-13）切割精度不高，切割速度较慢，可用于切割厚度大的碳钢板材。

图 6-13　火焰切割机

（2）等离子切割机切割速度快、效率高，可用于切割低碳钢板、铜板、铁板、铝板、镀锌板、钛金板等金属材料。

（3）激光切割机是指利用激光光束照射金属板材表面，使金属板材熔化，以切割金属板材的切割机。激光切割机具有切割精度高、切割速度快、板材的切口平滑等优点，但其价格昂贵且切割厚度较小。

激光切割机的操作规程

二、玻璃加工设备

流通加工中的玻璃加工设备主要是指对玻璃进行加工的各种专用机器，如玻璃切割机（见图 6-14）。玻璃切割机主要用于集中切割平板玻璃。

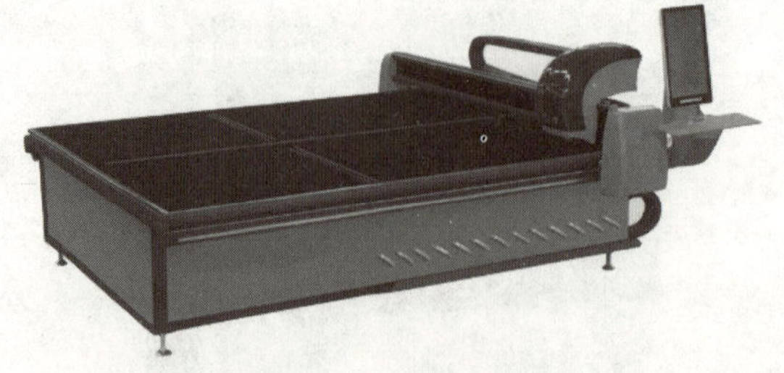

图 6-14 玻璃切割机

三、木材加工设备

流通加工中的木材加工设备主要是指对木材进行初加工的各种专用机器，如锯机。锯机是指以锯切加工为主的一种木材加工机器。常见的锯机有带锯机、圆锯机等。

（1）带锯机是指以高速运转的锯轮带动锯条对木材进行锯割的机器，主要用于纵切木材。

（2）圆锯机（见图 6-15）是指以圆锯片、锯轴等为主要部件的木材加工机器，可对木材进行劈切、纵切和横切等。

图 6-15 圆锯机

四、生鲜食品加工设备

生鲜食品加工设备是指对生鲜食品进行冷冻保鲜加工、分选加工、精制加工、分装加工等作业的各种专用设备。以下主要介绍果蔬智能分选设备、果蔬清洗加工设备、禽蛋清洗设备、贝类净化设备。

（1）果蔬智能分选设备（见图 6-16）由计算机视觉系统、快速分级系统、自动输送系统和自动控制系统等组成，能够自动对果蔬的重量、大小、形状、色泽等进行动态监测，并能够自动对果蔬进行分选作业。它适用于柑橘、苹果、梨、桃子、西红柿、土豆等多种果蔬的分选加工。

图 6-16　果蔬智能分选设备

（2）果蔬清洗加工设备是指对各种水果、蔬菜等进行清洗、消毒的设备。此类设备一般可通过冲洗、喷淋等方式对果蔬进行清洗，通过毛刷辊等对果蔬进行擦拭，从而有效清除果蔬表面的污垢和农药残留物，保持果蔬干净卫生。

（3）禽蛋清洗设备是一种专用的禽蛋处理设备，其主要功能是对大批量的生鲜禽蛋进行清洗，从而清除蛋壳表面的污物。

（4）贝类净化设备是指对贝类生鲜食品进行流通加工的设备。大型超市配送中心常用这种设备对贝类生鲜食品进行清洗、分级等加工。

任务实施

介绍流通加工设备的最新发展情况

1. 任务背景

随着科技的迅速发展，流通加工设备不断更新换代，许多具有新功能、作业能力更强的流通加工设备不断出现。请选择某一类流通加工设备，搜集该类设备的最新资料（如特点、功能等），并进行介绍。

2. 实施步骤

（1）学生自由分组，每组 5～6 人，选出 1 名小组长。

（2）小组成员选择某一类流通加工设备作为介绍对象，搜集、整理与该类设备相关的资料。

（3）小组成员根据资料制作 PPT。

（4）小组长进行课堂展示。

（5）教师对各小组的表现进行点评。

项目自测

1. 填空题

（1）______________是指将货物按预定量充填到包装容器内的机器。

（2）________________是指利用真空吸粉规律，量取定量体积的货物，并用压缩空气将货物充填到包装容器内的机器。

（3）按计重方式划分，称重式充填机可分为_____________和_____________。

（4）在流通加工中，_________是指对包装容器进行封口的机器。

（5）常见的金属加工设备有_________、_________、金属切割机等。

（6）_________是指以高速运转的锯轮带动锯条对木材进行锯割的机器，主要用于纵切木材。

2. 选择题

（1）（　　）适用于包装易受潮、易结块、颗粒大小不均匀、流动性差的货物。

A. 气流式充填机　　B. 螺杆式充填机

C. 称重式充填机　　D. 计数式充填机

（2）（　　）主要用于各种塑料包装袋的封口。封口后，货物包装的外形美观大方，封口部位平整且无皱褶。

A. 热压封口机　　B. 脉冲封口机

C. 超声波封口机　　D. 熔焊式封口机

（3）（　　）是指将货物装入包装容器，抽去容器内部的空气，使容器内部达到预定真空度，并完成封口工序的机器。

A. 泡罩包装机　　B. 充气包装机

C. 充填—封口机　　D. 真空包装机

（4）（　　）切割精度不高，切割速度较慢，可用于切割厚度大的碳钢板材。

A. 火焰切割机　　B. 等离子切割机

C. 激光切割机　　D. 水切割机

3. 判断题

（1）量杯式充填机结构简单，工作速度快，计量精度低，适用于填充流动性良好的粉状、颗粒状货物。（　　）

（2）负压灌装机一般只适用于灌装低黏度且不含气体的液体货物。（　　）

（3）拉伸包装机一般用于单件货物、集装货物的裹包，或立方体、圆环状货物的缠绕裹包。（　　）

（4）自动化包装生产线是进行大规模包装作业的重要设备，适用于对品种少、批量大的货物进行包装作业。（　　）

（5）果蔬清洗加工设备可通过冲洗、喷淋等方式对果蔬进行清洗，通过毛刷辊等对果蔬进行擦拭，从而有效清除果蔬表面的污垢和农药残留物，保持果蔬干净卫生。（　　）

4. 简答题

（1）简要介绍各类充填机。

（2）简述自动化包装生产线的组成部分。

项目评价

进行项目评价，并将评价结果填入表 6-1 中。

表 6-1 项目评价表

<table>
<tr><td>班级</td><td></td><td>姓名</td><td></td><td>学号</td><td colspan="2"></td></tr>
<tr><td rowspan="2">评价项目</td><td colspan="3" rowspan="2">评价内容</td><td rowspan="2">分值</td><td colspan="2">评分</td></tr>
<tr><td>自我评分</td><td>教师评分</td></tr>
<tr><td rowspan="4">知识
（40%）</td><td colspan="3">常见的包装设备</td><td>15</td><td></td><td></td></tr>
<tr><td colspan="3">自动化包装生产线</td><td>10</td><td></td><td></td></tr>
<tr><td colspan="3">金属加工设备与玻璃加工设备</td><td>10</td><td></td><td></td></tr>
<tr><td colspan="3">木材加工设备与生鲜食品加工设备</td><td>5</td><td></td><td></td></tr>
<tr><td rowspan="4">技能
（40%）</td><td colspan="3">能够区分常见的包装设备</td><td>10</td><td></td><td></td></tr>
<tr><td colspan="3">能够区分流通加工设备</td><td>10</td><td></td><td></td></tr>
<tr><td colspan="3">能够顺利完成采访活动</td><td>10</td><td></td><td></td></tr>
<tr><td colspan="3">能够广泛搜集所需要的信息并制作 PPT</td><td>10</td><td></td><td></td></tr>
<tr><td rowspan="3">素养
（20%）</td><td colspan="3">学习态度良好，遵守课堂纪律</td><td>10</td><td></td><td></td></tr>
<tr><td colspan="3">具有团队精神</td><td>5</td><td></td><td></td></tr>
<tr><td colspan="3">坚定自信心，努力学习，为建设科技强国贡献力量</td><td>5</td><td></td><td></td></tr>
<tr><td colspan="4">合计</td><td>100</td><td></td><td></td></tr>
<tr><td colspan="4">总分（自我评分×40%+教师评分×60%）</td><td colspan="3"></td></tr>
<tr><td>自我评价</td><td colspan="6"></td></tr>
<tr><td>教师评价</td><td colspan="6"></td></tr>
</table>

项目七 自动分拣与智能配送设备

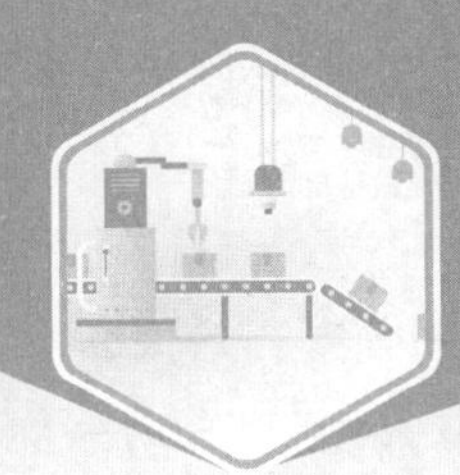

项目导读

分拣是指依据订单要求或配送计划，迅速、准确地将货物从储位或其他区位拣取出来，并按一定的方式进行分类、集中的作业过程。随着自动化、智能化技术的发展，自动分拣系统和自动分拣设备在物流领域广泛应用。

智能配送是指依托自动化、智能化技术，由计算机根据配送的要求，选择最佳配送方案，再将货物配送给用户的过程。常见的智能配送设备有无人机、无人配送车、智能快件箱等。

知识目标

✓ 了解自动分拣系统的特点、组成部分和工作过程。

✓ 熟悉不同类型的自动分拣设备。

✓ 熟悉无人机、无人配送车、智能快件箱等智能配送设备。

素质目标

✓ 通过学习“顺丰速运的无人机配送”案例，明白科技创新是高质量发展的强大驱动力，树立创新意识。

任务一　熟悉自动分拣系统与设备

任务导入

智能分拣让配送更高效

在韵达华北转运中心，工人们将整车包裹一一卸下并放到传送带上。随后，大大小小的包裹就在传送带上运输。传送带上的高速扫描仪会自动扫描包裹上的条码信息，自动分拣系统会根据条码信息对货物进行智能分拣，并将包裹运输至不同装车地点。

“以前，人工每小时可分拣500～600个包裹。后来，公司投资了4亿元，扩大了运营规模，引进了自动分拣设备（见图7-1），利用自动分拣系统使分拣效率提高了4倍以上。”韵达华北转运中心负责人介绍。

图7-1　自动分拣设备

（资料来源：邢建平，《智能分拣让快递配送更高效》，廊坊市人民政府官网，2022年9月5日）

请问：

（1）自动分拣系统有哪些特点？其工作过程包括哪些环节？

（2）什么是自动分拣设备？常见的自动分拣设备有哪些？

一、自动分拣系统

自动分拣系统是指将混在一起而去向不同的货物，按设定的要求自动进行分发配送的系统。

（一）自动分拣系统的特点

自动分拣系统具有以下特点：

（1）能连续、大批量地分拣货物，不受气候、时间、人力等的限制。

（2）分拣误差率极低。

（3）分拣作业基本实现无人化。

（二）自动分拣系统的组成部分

自动分拣系统主要由控制装置、分拣装置、输送装置、分拣道口等组成。

（1）控制装置是整个自动分拣系统的指挥中心，用于识别、接收、处理分拣信息，并将分拣信息传送到相应的分拣道口，控制分拣装置将货物送入分拣道口。

（2）分拣装置根据控制装置发出的分拣指示，改变输送装置上货物的运行方向，使其进入其他输送装置或分拣道口，完成货物分拣。

（3）输送装置用于输送待分拣货物，其两侧一般连接有若干个分拣道口。

（4）分拣道口是指已分拣货物脱离输送装置，进入分类集货区域的通道。

（三）自动分拣系统的工作过程

自动分拣系统的工作过程包括合流、识别、分流、分运等环节。

1．合流

自动分拣系统的进货口通常不止一个。货物从不同进货口进入系统后，通过多条传送带汇入主传送带进行合流。

2．识别

货物通过控制装置时，控制装置扫描货物上的条码，识别货物信息，并将信息输入计算机，由计算机生成分拣指令。

3．分流

输送装置按照分拣指令调整货物的输送速度，将货物输送至对应的分拣道口，再由分拣装置将货物送入分拣道口。

4．分运

货物通过分拣道口离开输送装置，滑到分类集货区域，再由工作人员或自动化设备对其进行分类包装和搬运。

二、自动分拣设备

（一）挡板式分拣机

挡板式分拣机利用挡板挡住传送带上向前输送的货物，并引导其从传送带一侧的分拣道口滑出。由于货物在分拣时会撞击挡板，因此挡板式分拣机不宜用于分拣易碎、易变形的货物。

（二）倾斜式分拣机

倾斜式分拣机可分为翻盘式分拣机和翻板式分拣机。

（1）翻盘式分拣机。翻盘式分拣机（见图 7-2）由轨道、运载小车、倾翻装置和托盘等组成。运载小车上设置有倾翻装置，倾翻装置上设置有托盘。运载小车沿轨道运行到指定分拣道口时，倾翻装置将托盘倾斜，使托盘上的货物滑入分拣道口。翻盘式分拣机多用于分拣快递包裹。

图 7-2　翻盘式分拣机

（2）翻板式分拣机。货物装载在输送机的条板上，被输送到设定的分拣道口，条板的一侧自动升起，使货物沿倾斜方向滑入分拣道口，完成分拣作业。

（三）滑块式分拣机

滑块式分拣机（见图 7-3）的输送装置是一条板式输送机，其板面通常由金属板条组成，每一块板条上都有一个导向滑块。当货物到达指定分拣道口时，导向滑块会自动排列并将货物推入分拣道口，完成分拣作业。

滑块式分拣机的特点

图 7-3　滑块式分拣机

（四）滚柱式分拣机

滚柱式分拣机中的每一组滚柱都具有独立的动力，可由计算机控制。当货物输送到预定的分拣道口时，计算机控制货物下面的滚柱使其停止转动，并控制推进器使其将货物推入分拣道口，完成分拣作业。滚柱式分拣机一般适用于包装良好、底面平整的箱式货物。

（五）交叉带式分拣机

交叉带式分拣机（见图 7-4）由主驱动带式输送机、与主驱动带式输送机交叉的台车组成。当货物被主驱动带式输送机输送到预定的分拣道口时，台车转动皮带将货物送入分拣道口，完成分拣作业。

图 7-4　交叉带式分拣机

任务实施

介绍自动分拣设备的工作过程

1. 任务背景

自动分拣设备是现代物流作业中重要的设备，被广泛应用于物流园区。请选择某一类自动分拣设备，搜集该类设备的最新资料（如特点、功能等），并将其制成视频。

2. 实施步骤

（1）学生自由分组，每组 5～6 人，选出 1 名小组长。

（2）小组成员选择某一类自动分拣设备作为介绍对象，上网搜集与该类设备相关的视频并进行整理和剪辑。

（3）小组长进行课堂展示。

（4）教师对各小组的表现进行点评。

任务二 熟悉智能配送设备

无人配送车开展试运营

2022年10月，某物流企业在南宁市兴宁区投入2台无人配送车（见图7-5）开展试运营。该无人配送车每次可搭载约200千克的货物，续航里程达100千米，集成了高精度定位、融合感知、行为预测等十大核心技术。

图7-5 无人配送车

在该物流企业的某营业部，快递员扫描快件上的二维码录入信息后，将快件放入无人配送车的快递箱内，再输入目的地，无人配送车就会自动出发，行驶到目的地。在行驶过程中，无人配送车始终在非机动车道上靠右平稳行驶，还会准确识别行人、车辆、红灯并及时停车避让。在到达目的地后，无人配送车会自动停住。前来取件的用户只需要在车身的操作系统上输入取件码，对应的快递箱箱门就会自动打开，用户就能顺利取走快递。

该物流企业还在探索短途接驳模式，对于一些路途较远的送货片区，先由无人配送车将货物运送到快递员身边，再由快递员送货上门。这种人车结合的模式能提高快递员的配送效率，降低他们的工作强度，使他们可以将更多时间用于上门揽件和配送，从而为用户提供更好的服务。

请问：

（1）什么是无人配送车？

（2）你还知道哪些智能配送设备？

一、无人机

无人机全称无人驾驶机，是指由动力驱动，无人驾驶，通过无线电遥控和自动控制飞行，可重复使用的航空器。它通常由机体、动力装置、飞行控制系统、任务载荷等组成。近年来，顺丰速运、京东物流、美团等企业已在多地开展了支线、末端无人机配送试点。未来，我国民用无人机配送将朝着规模化、快速化、长途化方向发展。

根据《民用无人驾驶航空发展路线图 V1.0（征求意见稿）》，在物流领域，我国民用无人驾驶航空发展的阶段目标如下：2025 年，城市短距离低速轻小型物流配送无人驾驶航空器逐步成熟；2030 年，城市中短距离快速中小型物流配送无人驾驶航空器逐步应用；2035 年，城市中长距离快速中大型物流配送无人驾驶航空器逐步推广。

（一）无人机在物流行业的应用

无人机在物流行业的应用集中在仓储、运输和配送等环节。

（1）在仓储环节，无人机能通过视觉识别、红外热成像等技术捕捉信息，对货物进行盘点、计数、测量等，助力企业实现灵活高效的库存管理。

（2）在运输和配送环节，无人机凭借灵活性强、速度快、服务范围广等优点，可有效化解传统物流中的人力成本高、配送效率低、服务范围有限等问题。此外，由于拥有强大的自主决策能力、感知与避让能力、抗干扰能力，且不受时间和空间的限制，无人机可用于灾区医疗物资运输和配送，为灾区救援工作提供有力支持；也可用于将农产品从农田或农场等地区直接运输到市场或超市，缩短农产品运输时间。

经典案例

顺丰速运的无人机配送

顺丰速运针对各种特殊场景（如应急配送等）下物流运输的末端配送问题，成功研发出满足不同运营需求的多款无人机机型和相关配套软件和硬件，包括多旋翼无人机、垂直起降固定翼无人机、运营管控系统、通信系统、无人机快递接驳柜等。

顺丰速运在配送领域运营的无人机主要有 H4 四旋翼无人机、Ark 方舟无人机、Manta Ray 无人机等。

H4 四旋翼无人机（见图 7-6）是顺丰速运投入物流配送运营的第一款无人机，主要用于快递配送、生鲜农产品配送、医疗紧急物资配送等。该无人机轻便灵活，适用于短距离的末端配送。

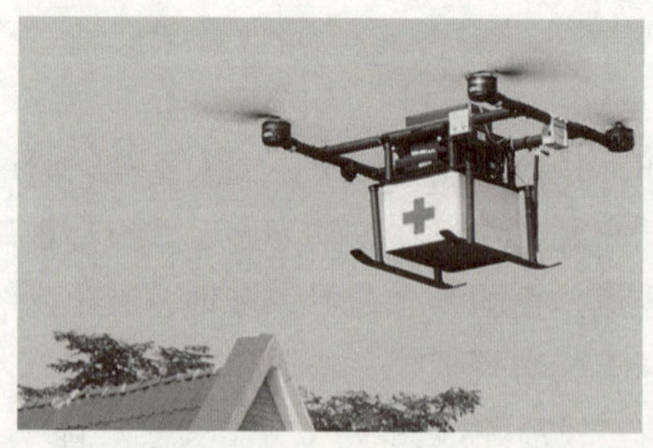

图 7-6　H4 四旋翼无人机

Ark 方舟无人机采用八旋翼设计，具备多冗余度导航系统、飞控系统、动力系统、电源系统、紧急迫降系统，可靠性和安全性较高。Ark 方舟无人机适用于中短距离的末端配送，其超过 50 升的大容积货仓能够满足大部分配送任务的需求。

Manta Ray 无人机是多旋翼和固定翼混合的无人机。该无人机结合了多旋翼无人机不依赖跑道起降和固定翼无人机高效巡航的优点，加上较强的续航能力，既适用于中远距离的末端配送，也适用于高原、山区和海岛等地的货物配送。

（二）无人机配送的优势和劣势

1. 无人机配送的优势

（1）可直线配送，缩短路程。无人机在空中飞行，不受地形和地面障碍物限制，可以缩短配送路程。

（2）速度快，效率高。无人机飞行速度较快且可以直线飞行，因此其配送效率较高。

（3）降低运营成本。以无人机配送代替人工配送，可节省大量人工成本，同时，无人机还可与物联网、智慧物流系统对接，实现智慧配送，从而降低物流整体的运营成本。

（4）服务范围广，可达性强。无人机配送不受地面交通条件限制，可跨越峡谷、河流等，也可将货物送到千米高空，服务范围广，可达性强。

2. 无人机配送的劣势

（1）增加设备投资支出。目前，可应用于物流领域的无人机较昂贵，企业需要投资大量资金购买无人机及其相关设备，导致设备投资支出增加。

（2）设备自身有局限。一方面，无人机体积较小、载重量有限，对配送货物的体积和重量都有限制；另一方面，无人机续航时间和飞行距离有限，难以完成长时间、长距离的配送任务。

（3）具有一定安全隐患。无人机在配送过程中，可能会受天气变化、设备故障、信号干扰等的影响，发生飞行事故，导致货物、设备坠毁等。

（4）对飞行环境有一定要求。只有在起飞和降落区域空旷、飞行空间开阔、天气条件良好等条件下，无人机才能顺利飞行。

二、无人配送车

无人配送车的配送流程

无人配送车是智能汽车的一种，主要依靠车内以计算机系统为主的智能驾驶仪来实现无人驾驶。其运行原理是车辆通过车载传感系统感知道路环境，通过自动驾驶系统自动规划行驶线路并到达预定目的地。

（一）无人配送车的关键技术

无人配送车的关键技术主要包括自动驾驶技术、智能配载技术、物联网技术、大数据智能分析技术等。

（1）自动驾驶技术。利用激光雷达、摄像头等，无人配送车可实时感知周围的环境状况。通过将5G等技术与人工智能技术相结合，无人配送车可进一步实现自主驾驶，完成智能行驶、避障、转向、超车等动作。

（2）智能配载技术。智能货物配载系统可根据不同类型货物的重量、包装、体积和无人配送车的规格、结构等，为无人配送车制订合适的配载方案，从而提高无人配送车的配载率。

（3）物联网技术。利用物联网技术，无人配送车可实现与物流调度中心的实时互联互通，准确记录运输过程中的位置、温度、湿度和其他相关数据，有效保证货物安全和物流效率。

（4）大数据智能分析技术。利用大数据智能分析技术，无人配送车可对行驶线路、配载数据、货运数据等进行科学预测，从而优化配送线路、提升配送效率、降低配送成本。

科技之光

无锡首批25辆无人配送车正式上路

2023年9月，无锡首批25辆无人配送车正式上路承担网点至收派区域的配送工作。

该无人配送车的外观看起来不大，但其内部的装载空间为3立方米，相当于两台快递三轮车的空间。其满载重量可达1吨，满电续航里程为200千米，可实现24小时不间断作业。

在正常行驶时，无人配送车会进行语音播报，提醒来往行人注意避让。需要掉头时，无人配送车会通过车顶和车辆侧面的监控感应系统检测周围状况，并进行语音播报提醒。若识别到车身周围有障碍物或行人，无人配送车会自动减速或停止，等障碍物消失或行人通过后，才会再次行驶。

此外，每辆无人配送车配有一套远程安全系统，有专门的远程安全员监控车辆的运行情况。如果车辆发生故障或者受困，远程安全员会立即联系当地的网格安全员。网格安全员接到通知后，会在三分钟内赶到无人配送车的位置进行处理。

（资料来源：冯成、陈怡迪，《首批25辆无人配送车跑上锡城马路》，《江南晚报》，2023年9月8日）

（二）无人配送车的优势

无人配送车的优势如下：

（1）减少人工，降低人工成本。

（2）除维修、保养和充电外，可实现24小时连续工作。

（3）能最大限度地减少人员接触。

（4）存在规模效应，单辆无人配送车所配送的货物越多，配送环节的边际成本越低。

提　示

边际成本是指在原服务量的基础上再增加（或减少）一个单位的服务量所增加（或减少）的成本。

三、智能快件箱

智能快件箱（见图7-7）是指设立在公共场合，可供物流企业投递和收件人提取快件的自助服务设备。智能快件箱主要由格口箱、控制柜和信息系统三部分组成。其中，格口箱用于容纳快件；控制柜用于识别用户信息，收款，控制格口箱开启和关闭等；信息系统用于验证快件信息和用户信息，发送取件通知等。

图7-7　智能快件箱

智能快件箱的投取流程如下：

（1）配送人员在控制柜上录入或扫描快件编号，然后录入收件人的手机号码等信息。

（2）快件箱自动打开格口箱的箱门，配送人员将快件投放到格口箱中并关闭箱门。

（3）快件箱的信息系统向收件人发送取件通知。

（4）收件人凭借取件通知，在控制柜上输入验证信息后，快件所在格口箱的箱门会自动打开。

（5）收件人取走快件并关闭箱门。

活学活用

你使用过智能快件箱吗？你觉得它给我们的生活带来了哪些变化？

任务实施

展示不同物流企业的智能配送设备

1. 任务背景

为了提高配送效率，许多物流企业都配备了大量新型智能配送设备，如无人机、无人配送车等。不同物流企业所配备的智能配送设备的外形、特点、功能等有所不同。请选择某一物流企业，搜集该企业所采用的智能配送设备的资料，并进行课堂展示。

2. 实施步骤

（1）学生自由分组，每组 6 人，选出 1 名小组长。选择某一物流企业的智能配送设备作为展示对象。

（2）小组成员搜集、整理与该物流企业的智能配送设备相关的资料。

（3）小组成员根据资料制作 PPT。

（4）小组长进行课堂展示。

（5）教师对各小组的表现进行点评。

项目自测

1. 填空题

（1）在自动分拣系统中，__________根据控制装置发出的分拣指示，改变输送装置上货物的运行方向，使其进入其他输送装置或分拣道口，完成货物分拣。

（2）自动分拣系统的工作过程包括合流、__________、__________、分运等环节。

（3）倾斜式分拣机可分为________和________。

（4）________是指由动力驱动，无人驾驶，通过无线电遥控和自动控制飞行，可重复使用的航空器。

（5）________是指设立在公共场合，可供物流企业投递和收件人提取快件的自助服务设备。

2．选择题

（1）（　　）由主驱动带式输送机、与主驱动带式输送机交叉的台车组成。

A．挡板式分拣机　　B．滑块式分拣机

C．滚柱式分拣机　　D．交叉带式分拣机

（2）下列选项中，（　　）不属于无人机配送的优势。

A．降低运营成本　　B．可直线配送，缩短路程

C．减少设备投资支出　　D．服务范围广、可达性强

（3）下列选项中，（　　）不是无人配送车的优势。

A．降低人工成本　　B．可实现 24 小时连续工作

C．不受配送环境的影响　　D．能最大限度地减少人员接触

3．判断题

（1）自动分拣系统能连续、大批量地分拣货物，不受气候、时间、人力等的限制。（　　）

（2）滚柱式分拣机中的每一组滚柱都具有独立的动力，须由人工控制。（　　）

（3）无人机在配送过程中，可能会受天气变化、设备故障、信号干扰等的影响，发生飞行事故，导致货物、设备坠毁等。（　　）

（4）智能快件箱主要由格口箱、控制柜和信息系统三部分组成。（　　）

4．简答题

（1）简述自动分拣系统的组成部分。

（2）简述无人配送车的关键技术。

（3）简述智能快件箱的投取流程。

进行项目评价，并将评价结果填入表 7-1 中。

表 7-1　项目评价表

<table>
<tr><td>班级</td><td></td><td>姓名</td><td></td><td>学号</td><td colspan="2"></td></tr>
<tr><td rowspan="2">评价项目</td><td colspan="3" rowspan="2">评价内容</td><td rowspan="2">分值</td><td colspan="2">评分</td></tr>
<tr><td>自我评分</td><td>教师评分</td></tr>
<tr><td rowspan="3">知识
（40%）</td><td colspan="3">自动分拣系统</td><td>10</td><td></td><td></td></tr>
<tr><td colspan="3">自动分拣设备</td><td>10</td><td></td><td></td></tr>
<tr><td colspan="3">无人机、无人配送车、智能快件箱</td><td>20</td><td></td><td></td></tr>
<tr><td rowspan="3">技能
（40%）</td><td colspan="3">能够清楚智能配送设备的应用</td><td>10</td><td></td><td></td></tr>
<tr><td colspan="3">能够搜集视频并进行剪辑</td><td>15</td><td></td><td></td></tr>
<tr><td colspan="3">能够搜集所需要的资料并制作 PPT</td><td>15</td><td></td><td></td></tr>
<tr><td rowspan="3">素养
（20%）</td><td colspan="3">学习态度良好，遵守课堂纪律</td><td>10</td><td></td><td></td></tr>
<tr><td colspan="3">具有团队精神</td><td>5</td><td></td><td></td></tr>
<tr><td colspan="3">具有创新意识</td><td>5</td><td></td><td></td></tr>
<tr><td colspan="4">合计</td><td>100</td><td></td><td></td></tr>
<tr><td colspan="4">总分（自我评分×40%+教师评分×60%）</td><td colspan="3"></td></tr>
<tr><td>自我评价</td><td colspan="6"></td></tr>
<tr><td>教师评价</td><td colspan="6"></td></tr>
</table>

项目八 物流信息技术与设备

项目导读

物流信息技术在物流领域中的应用十分广泛，促进了物流行业的信息化、智能化发展。常见的物流信息技术有条码技术、射频识别（RFID）技术、地理信息系统（GIS）、全球定位系统（GPS）、北斗卫星导航系统（BDS）等。

企业运用物流信息技术可以及时、准确地获取物流各环节的信息，实现对物流各环节的实时监控，从而对整个物流系统进行科学管理。

知识目标

- ✓ 掌握条码技术与设备。
- ✓ 掌握 RFID 技术与 RFID 系统。
- ✓ 熟悉 GIS、GPS 与 BDS。

素质目标

- ✓ 通过学习“RFID 技术在食糖物流配送中的应用”案例，明白“科技是第一生产力”的道理，培养尊重科学、积极创新的意识。
- ✓ 通过学习“中越用 BDS 打造 24 小时口岸”案例，明白“包容普惠、互利共赢才是人间正道”，培养合作共赢意识。

任务一 掌握条码技术与设备

任务导入

M 物流企业利用条码监督水果物流

M 物流企业是一家水果经销商的物流外包企业，全权负责该水果经销商的水果运输和配送业务。为了降低物流成本，M 物流企业决定使用条码技术来对水果运输进行全过程监督。

M 物流企业通过引进条码相关配套设备，让物流各环节的工作人员在接收、检查上一环节送来的水果后，用条码识读设备将水果的信息录入信息系统。这样，M 物流企业就能通过信息系统的数据，监测每一批水果的物流情况，统计水果在不同物流环节中的损耗。

请问：

（1）什么是条码？常见的条码识读设备有哪些？

（2）条码技术主要应用于物流过程中的哪些环节？

一、什么是条码

条码是指由一组规则排列的条、空组成的符号，可供设备识读，用以表示一定的信息。条码具有制作简单、成本低、信息采集速度快、可靠性强等特点，被广泛应用于商品流通和物流等领域。

条码识读原理

按表示信息的维度划分，条码可分为一维条码和二维条码。一维条码是指仅在一个维度方向上表示信息的条码，如 EAN 条码（见图 8-1）、三九条码、库德巴条码（见图 8-2）、128 条码等。一维条码具有信息录入速度快、差错率低等优点，信息容量较小、不能编码汉字等缺点。

图 8-1 EAN 条码

图 8-2 库德巴条码

二维条码是指在两个维度方向上都表示信息的条码，如图 8-3 所示。与一维条码相比，二维条码具有数据容量大、编码范围广（能编码汉字、照片、指纹、声音等信息）、译码可靠性高、纠错能力强、保密性强、防伪性强等优点。

图 8-3　二维条码

二、条码识读设备

条码识读设备广泛用于超市、物流、图书馆等场景。常见的条码识读设备有激光扫描器、CCD 扫描器、光笔等。

（一）激光扫描器

激光扫描器是一种以激光为光源的远距离条码识读设备。常见的激光扫描器有手持式激光扫描器（见图 8-4）和固定式激光扫描器。手持式激光扫描器识别距离较长，首读率、精确度较高，扫描宽度不受设备开口宽度限制；固定式激光扫描器操作方便，工作人员只要将条码面向扫描器，即可完成条码识读。

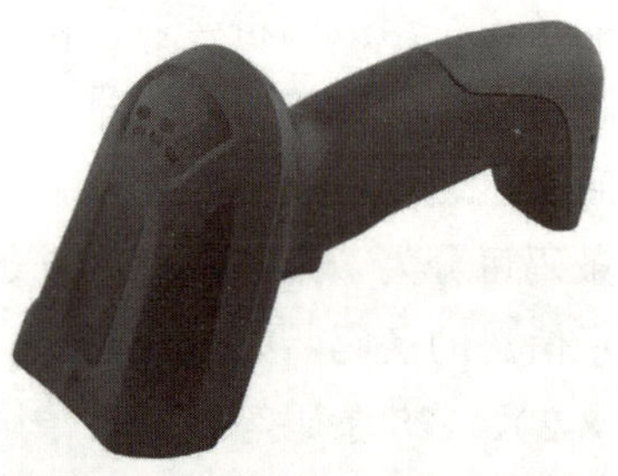

图 8-4　手持式激光扫描器

提　示

首读率是指首次读出条码的数量与识读条码的总数量的比值。它常用于衡量条码识读设备的数据采集质量。首读率越高，条码识读设备的识读效率越高。

（二）CCD 扫描器

CCD 扫描器是指利用电荷耦合器件（CCD），对条码进行成像、译码的条码识读设备。CCD 扫描器操作方便，使用寿命较长，但识别距离较短。常见的 CCD 扫描器有手持式 CCD 扫描器和固定式 CCD 扫描器。

（三）光笔

光笔是一种笔形接触式固定光束条码识读设备。它具有结构简单、响应迅速、操作简便等特点。光笔必须接触条码才能进行识别，且只能识别指定密度的、打印质量较好的条码。在扫描条码时，工作人员需要用手移动光笔从条码表面划过，并保持速度、角度、接触压力适当，才能完成扫描。

三、条码技术在物流领域的应用

条码技术是在计算机技术与信息技术的基础上发展起来的，通过识别货物的条码自动获取并处理该货物相关信息的自动识别技术。条码技术的主要作用是使用条码识读设备识读条码，以实现对条码信息的自动采集和处理。

在物流领域，条码技术主要应用于运输、仓储、配送等环节。

（一）在运输环节的应用

在运输环节，工作人员可以通过扫描条码将货物的位置信息和状态信息录入物流信息系统，对货物进行实时监控和管理，从而提高物流效率，降低货物丢失、损坏的风险。

（二）在仓储环节的应用

条码技术在仓储环节的应用主要体现在以下三个方面：

（1）入库。工作人员使用条码识读设备扫描货物的条码，将货物的入库时间、入库数量、状态等信息录入并储存在数据库中，从而实现对货物的入库管理。

（2）库存盘点。盘点货物时，工作人员使用条码识读设备扫描货物的条码，就可以看到该货物的所有库存信息（如名称、数量、货位、入库日期、入库经办人员等），有利于提高库存盘点效率。

（3）出库。工作人员使用条码识读设备扫描出库货物的条码（见图 8-5），检验出库货物的种类、数量等信息是否与出库单中的信息相吻合，从而高效地完成出库作业。

图 8-5　扫描出库货物的条码

（三）在配送环节的应用

配送中心在收到客户订单后，将订单汇总并生成拣货单，然后根据拣货单生成条码。工作人员或拣货设备根据拣货单在仓库中拣货，在对应的货物上贴上条码后，将其送到自动分拣机上。自动分拣机扫描货物的条码，检验有无取错货物的情况，然后为货物分配合适的配送线路，最后由快递员或无人配送车进行配送。

任务实施

介绍条码技术在某物流企业中的应用情况

1．任务背景

条码技术在物流领域的应用十分广泛。一些物流企业将条码技术广泛应用于运输、仓储、配送等各个环节，并通过将条码技术与大数据、云计算、物联网等技术结合，不断扩大条码技术的应用范围。

2．实施步骤

（1）学生自由分组，每组 5～6 人，选出 1 名小组长。

（2）小组成员选择某物流企业，搜集、整理该企业应用条码技术的相关资料，如哪些环节应用了条码技术，是如何应用条码技术的，等等。

（3）小组成员根据资料制作 PPT。

（4）小组长进行课堂展示。

（5）教师对各小组的表现进行点评。

任务二 掌握 RFID 技术与 RFID 系统

任务导入

菜鸟发布精准 RFID 技术

在 2021 全球物流技术大会上，菜鸟网络科技有限公司（以下简称“菜鸟”）发布了精准 RFID 技术，获得了中国物流与采购联合会颁发的物流技术创新奖。这一关键技术的突破，使得 RFID 技术的大规模商用成为可能，有望大幅推动供应链和物流领域的数字化升级。

之前，RFID 技术一般被用于物流中的货物盘点、出入库交接、全链路追踪等方面，但其因为识别准确率不高，一直未能大规模投入实际应用。菜鸟经过两年多的研发，通过优化芯片、读写器和整套算法等，将 RFID 技术的识别准确率从约 80%提高到 99.8%。

货物在物流运输中主要依靠托盘容纳。采用条码技术时，如果货物以实心方式码垛，工作人员就扫不到内层货物的条码；如果货物以空心方式码垛，既会浪费储存空间，又会导致码垛结构不稳定。由于精准 RFID 技术可以识别被遮挡的货物，因此采用精准 RFID 技术后，工作人员可以快速完成对以实心方式码垛的所有货物的扫描和盘点工作。

（资料来源：李文瑶，《菜鸟主导的精准射频识别技术曝光》，环球网，2021 年 4 月 16 日）

请问：

（1）什么是 RFID 技术？

（2）RFID 技术在物流领域有哪些应用？

一、什么是 RFID 技术

RFID 技术是指通过射频信号识别目标对象并获取相关信息的非接触式自动识别技术。它具有防水、防磁、穿透性强、读取速度快、识别距离远、信息可加密、信息容量大且易修改等优点。

RFID 技术通过射频信号自动识别目标对象并获取相关信息，无须人工干预。RFID 技术具有以下优点：① 识读设备在恶劣环境（如潮湿、阴暗的环境）下仍可以读取信息；② RFID 标签在变形、浸湿后不会影响信息的识读；③ 识读设备能够同时识读多个高速运动货物的信息；④ 识读设备的识别距离远。

二、RFID 系统

（一）RFID 系统的组成

RFID 系统主要由 RFID 标签和数据采集单元组成，如图 8-6 所示。

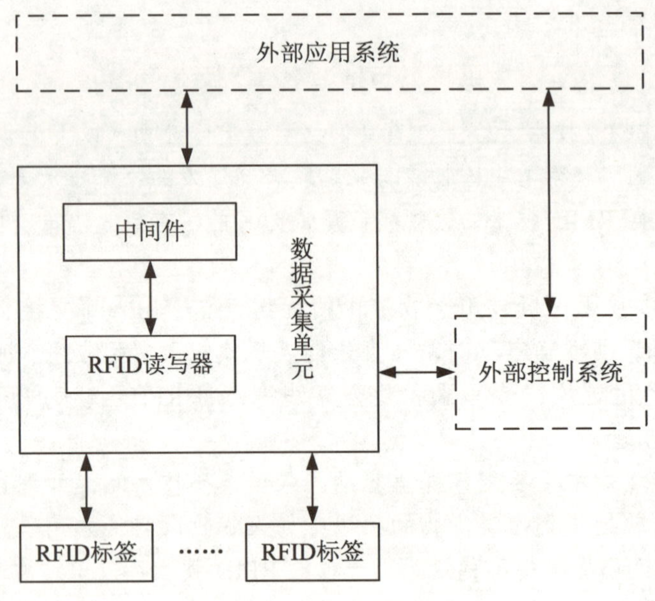

图 8-6　RFID 系统的组成

RFID 标签是指用于物品识别，具有信息储存功能，能接收 RFID 读写器电磁场调制信号，并返回响应信号的数据载体。

RFID 标签的分类

数据采集单元包括 RFID 读写器（见图 8-7）和中间件。其中，RFID 读写器用于采集 RFID 标签的数据，中间件用于驱动 RFID 读写器进行数据采集、提取、过滤、协议转换，并将相关数据上传到外部应用系统。

图 8-7　RFID 读写器

外部应用系统包括人员管理系统、生产管理系统、财务管理系统等各类业务系统，用于接收 RFID 系统等数据采集系统上传的数据，并提供数据储存管理和数据访问服务。

外部控制系统通过数据采集单元传递的数据控制其他外部设备。

（二）RFID 系统的工作原理

RFID 系统的工作原理（见图 8-8）如下：

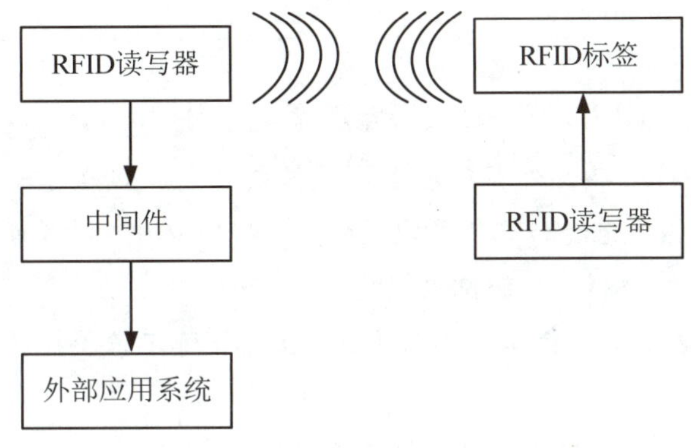

图 8-8　RFID 系统的工作原理

（1）RFID 读写器预先将信息写入 RFID 标签中。

（2）RFID 读写器向外发射无线电载波信号，形成电磁场。

（3）RFID 标签进入 RFID 读写器的工作区域时，RFID 读写器自动识别 RFID 标签中的信息。

（4）中间件对识别到的数据进行提取、解码等，然后传送给外部应用系统。

三、RFID 技术在物流领域的应用

（一）在仓储环节的应用

（1）入库。当贴有 RFID 标签的货物进入仓库时，RFID 读写器会自动读取 RFID 标签中的信息。计算机系统将这些信息与供应商所提供的发货记录进行核对，确认信息无误后，再将 RFID 标签中的信息更新到最新状态。采用 RFID 技术进行入库作业，既能有效避免人为操作的失误，又能大幅提高入库作业的效率。

（2）出库。出库时，RFID 读写器读取货物上的 RFID 标签中的品名、类别、数量等信息，计算机系统根据这些信息生成出库指令，自动分拣设备根据指令将货物分拣出来，完成出库作业。

（3）盘点。利用 RFID 技术盘点库存，工作人员可以迅速确定货物的储存位置和状态，从而提高盘点效率，减少工作人员的工作量。

（二）在运输环节的应用

物流企业在货物和运输车辆上贴上 RFID 标签，并在运输线路上的仓库、码头、车站、机场等关键地点安装 RFID 读写器。当运输车辆进入 RFID 读写器的识别范围内时，RFID 读写器会自动读取 RFID 标签中的信息，并将这些信息传送给物流企业的运输调度中心，使物流企业可以对货物运输进行跟踪和管理。

科技之光

RFID 技术在食糖物流配送中的应用

食糖是吸湿性食品，外界环境温度过低或过高、湿度过大，都可能影响食糖的质量。在运输、仓储和信息管理过程中，利用 RFID 技术可以有效降低外界温度和湿度对食糖的影响，保证食糖质量。

（1）在运输方面。食糖包装上的 RFID 标签可记录食糖的装车时间、装车时的温度和湿度、运输过程中温度和湿度的变化情况、运输车辆的基本信息、驾驶员信息等，便于工作人员及时掌控食糖的运输状态。

（2）在仓储方面。当运输车辆到达仓库时，仓库中的 RFID 读写器会自动读取食糖包装上的 RFID 标签，并根据食糖入库单上的信息对即将入库的食糖进行检验，然后在食糖包装上的 RFID 标签中写入入库时间、入库时的温度和湿度等，以便工作人员管理。

（3）在信息管理方面。物流企业将 RFID 技术与信息技术、GIS、GPS 集成，构建现代化的物流管理系统，可对食糖进行物流全过程的信息管理，提高物流管理的智能化和透明化水平。

（资料来源：聂晓宇，《RFID 技术在 CAFTA 广西食糖物流配送中的应用前景》，中国自动识别网，2020 年 8 月 31 日）

任务实施

开展辩论赛

1．任务背景

条码技术在物流领域的应用十分广泛，但其存在识别精度低、识别范围小、无法识别成堆货物的内部情况等局限，而 RFID 技术则具有许多条码技术不具有的优点。因此，许多人认为 RFID 技术将逐渐取代条码技术。请以“RFID 技术能否完全取代条码技术”为题，开展辩论赛。

2．实施步骤

（1）全班学生选出1名主持人、5名评委，然后选出8名辩手。辩手分为2队，4人为一队，分别为正方辩论队和反方辩论队。

（2）两支辩论队根据上述论题准备资料并进行辩论。

（3）教师根据各辩论队的表现进行点评。

任务三　熟悉 GIS、GPS 与 BDS

任务导入

BDS 助力天津智慧仓库实现“全态势感知、无人化操作”

2022年5月，在国网天津电力供应链服务智慧园区，运用BDS的“全态势感知、无人化操作”的智慧仓库正开展试运行。

该仓库充分利用大数据、5G等技术和BDS，整合了运力、道路勘探、运输监控等信息，实现了配送及时预约、车辆智能调度、物资智慧装载、路径最优推荐、定位实时监控等功能，打造了天津市全域“即时达”和辐射“京津冀”核心区域4小时的应急配送圈，形成了“采检储运”一体化的供应链运营模式。

与传统仓库相比，使用了BDS的智慧仓库缩短出入库作业时长20%以上，提高装卸车作业效率30%以上，投运后有效提高天津能源电力领域的物流效率。

（资料来源：陈曦，《天津“全态势感知、无人化操作”智慧仓库试运行》，中国科技网，2022年5月2日）

请问：

（1）什么是BDS？

（2）BDS有哪些特点？

一、GIS

（一）GIS的组成

GIS是指用于地理空间数据采集、存储、处理、查询、分析、利用和可视化的电子计算机信息系统。完整的GIS由硬件系统、软件系统、地理空间数据库、人员四部分组成。

1．硬件系统

硬件系统支持、制约着GIS的规模、测量精度、运行速度、功能、使用方法等。硬件系统的配置一般包括数据输入设备、计算机、数据储存设备和数据输出设备等。

2. 软件系统

软件系统是指运行 GIS 所需的各种程序，包括计算机系统软件和 GIS 软件。

（1）计算机系统软件包括操作系统、数据库管理系统等。计算机系统软件的功能是使计算机能够正常工作或具备解决某些问题的能力。

（2）GIS 软件主要是提供储存、分析和显示地理数据的功能和工具，包括输入和处理地理数据的工具，管理数据库系统的工具，支持地理查询、分析和可视化显示的工具等。

3. 地理空间数据库

地理空间数据库是指储存、管理和检索地理空间数据的数据库。工作人员可以通过数字化仪、图像扫描仪、键盘等设备或利用其他通信系统，将地理空间数据以图形、图像、文字、表格等形式输入到地理空间数据库中。

提 示

地理空间数据是指表示地理事物在地球表层空间分布状况的数据。其由表示地理事物在特定坐标系中绝对定位的数据和地理事物之间相互位置关系的数据组成。

4. 人员

GIS 从设计、建立、运行到维护的整个生命周期，都离不开人。具体来说，科学研究人员主要负责 GIS 基础理论与方法的研究，项目管理人员主要负责 GIS 项目的统筹管理，软件设计人员主要负责根据功能需求设计软件，系统开发人员主要负责开发软件功能，数据处理人员主要负责数据的整理、格式转换等数据加工。

（二）GIS 的功能

GIS 的功能主要包括数据采集功能、数据储存功能、数据处理功能、空间查询与分析功能、数据利用和可视化功能。

（1）数据采集功能。数据采集是指获取、汇集数据的过程，其总体目标是以数据形式记录地理现象的位置、属性和各种地理现象之间的关系。GIS 可采集地面测量数据、遥感影像及其他多媒体数据等。

（2）数据储存功能。与一般数据库相比，GIS 地理空间数据库容量大，既可储存关于地理要素的属性数据，又可储存大量的空间数据。

（3）数据处理功能。GIS 涉及的数据类型多种多样，为了保证数据规范、统一，GIS 可对输入的数据进行处理。例如，进行空间分析时，如果数据所用的坐标参考系统不一致，GIS 可将各种数据转换成同一参考坐标系统下的数据，以便将各种数据叠加在一起进行综合分析。

（4）空间查询与分析功能。GIS 不仅具有查询和检索功能，还具有空间缓冲区分析、空间叠加分析、网络分析等动态空间分析功能。

（5）数据利用和可视化功能。企业利用 GIS 建立物流管理系统，可以将各种数据按照地理特征联系起来并以地图或其他形式显示，从而实现可视化管理。

（三）GIS 在物流领域的应用

1．物流设施选址

物流企业在新建物流设施时，需要综合考虑交通、经济、区位等因素，从而进行科学选址。利用 GIS，物流企业可以清楚地知道某一区域的地形、交通路网、人口数量、客户分布情况、现有物流设施分布情况等信息，进而在该区域选择最合适的位置来建设物流园区、配送中心、快递站等。

2．物流车辆调度

物流企业借助 GIS，可以实时掌握物流车辆的地理位置信息，并根据客户配送需求、实时路况信息，及时调度物流车辆，优化运输线路，减少配送时间。例如，当接收到前方路段拥堵的信息时，GIS 可以重新规划线路并调度物流车辆按新线路行驶。

二、GPS

GPS 是一种具有全方位、全天候、全时段、高精度的卫星导航系统，可在全球范围内进行卫星导航和定位。它以人造卫星为基础，可提供三维位置、速度和时间信息等。

GPS 的特点

（一）GPS 的组成

GPS 由空间部分、地面控制部分和用户设备三部分组成。

1．空间部分——GPS 卫星

空间部分由 24 颗卫星组成，这些卫星均匀分布在 6 个轨道平面上，每个轨道平面有 4 颗，轨道倾角为 55°。这种卫星布局使得人们在地球上的任何地方、任何时间都可以同时观测到至少 4 颗卫星，从而确保 GPS 具有较高的定位精度和较强的全球导航能力。

2．地面控制部分——地面监控系统

地面监控系统包括主控站、卫星监测站和上行信息注入站（又称地面天线），以及把它们联系起来的数据通信网络。

（1）主控站拥有以大型电子计算机为主体的数据收集、计算和传播设备，是整个 GPS 的核心，其主要任务是接收观测数据、计算导航信息。

（2）卫星监测站的主要任务是接收信号，监测卫星的工作状态，并向主控站提供监测数据。

（3）上行信息注入站的主要任务是将主控站计算出的导航信息注入卫星的储存器中，并自动向主控站发射信号。

3．用户设备部分——GPS 用户终端

用户设备部分的主要功能是接收卫星信号，为用户提供所需要的位置、速度和时间等信息。用户设备部分主要包括 GPS 接收机及其天线、微处理器及其终端设备、处理软件、电源等。其中，GPS 接收机及其天线是用户设备部分的核心，习惯上统称为 GPS 接收机。

（二）GPS 在物流领域的应用

GPS 在物流领域中主要应用于运输环节，具体体现在以下几方面。

1．导航

导航功能是 GPS 的基本功能之一。飞机、船舶、车辆和步行者都可以利用 GPS 用户终端进行导航。在物流运输中，常见的具有 GPS 导航功能的设备有车载 GPS 导航仪（见图 8-9）和智能手机等。

图 8-9　车载 GPS 导航仪

2．定位和跟踪

GPS 可以对物流车辆进行实时定位、跟踪，包括利用 GPS 和电子地图实时查看车辆的位置，跟踪物流车辆的行驶线路，并进行多窗口、多车辆、多屏幕同时跟踪等。

3．规划和设计线路

GPS 具有自动规划线路和人工设计线路两种功能。

（1）自动规划线路：用户在 GPS 用户终端上设定起点和终点后，GPS 用户终端会自动计算行程距离并规划合适的线路，如用时最短的线路、距离最短的线路、红绿灯数量最少的线路等。

（2）人工设计线路：用户根据自己的需要，在 GPS 用户终端上设定起点、途经点（可以是多个）和终点后，GPS 用户终端会根据该设定设计并显示线路。

4. 车辆调度

物流企业调度中心的工作人员可以利用 GPS 用户终端监控物流车辆的载荷情况、位置等信息，并据此对物流车辆进行合理调度，以减少物流车辆空返次数和等待时间。

三、BDS

（一）BDS 的组成

BDS 是中国研制建设和管理的为用户提供实时三维位置、速度和时间等信息的全球卫星导航系统。BDS 由空间段、地面段和用户段三部分组成。

1. 空间段

BDS 的空间段由若干地球静止轨道卫星、倾斜地球同步轨道卫星和中圆地球轨道卫星等组成。

2. 地面段

BDS 的地面段包括主控站、时间同步/注入站和监测站等若干地面站，以及星间链路运行管理设施。

3. 用户段

BDS 的用户段包括北斗兼容其他卫星导航系统的芯片、模块、天线等基础设备，以及终端设备、应用系统与应用服务等。

（二）BDS 的特点

BDS 具有以下三大特点：

（1）BDS 的空间段是由三种轨道卫星组成的混合星座，与其他卫星导航系统相比，其高轨卫星更多，抗遮挡能力更强，在低纬度地区的性能优势更为明显。

（2）BDS 提供多个频点的导航信号，能够通过多频信号组合等方式提高服务精度。

（3）BDS 创新融合了导航与通信能力，具备定位导航授时、星基增强、地基增强、精密单点定位、短报文通信和国际搜救等多种服务能力。

（三）BDS 的功能

BDS 具有快速定位、实时导航、精准测速、精确授时、双向短报文通信等功能。

（1）快速定位，BDS 可快速为用户确定其所在点的三维坐标，并向用户终端发送其位置信息。

（2）实时导航，BDS 可为用户提供实时导航服务。

（3）精准测速，BDS 可为用户终端提供解算其自身速度所需的导航信号，由用户终端被动接收卫星信号进行速度解算。

（4）精确授时，BDS 可为用户提供高精度的时间信息。

（5）双向短报文通信，通过 BDS，用户之间可进行短报文通信。

活学活用

请对比 GPS 和 BDS，并简要分析两者的区别。

（四）BDS 在物流领域的应用

1．实时跟踪与监控

借助 BDS，物流企业可以实时获取货物的位置信息，并对货物进行远程跟踪和监控，有利于物流企业合理调配货物，提高货物运输的安全性。

2．线路规划与导航

借助 BDS，物流企业可以根据货物的重量、体积等参数，结合不同线路的交通状况，合理调配物流车辆并规划最佳线路，从而缩短运输时间。

3．货物管理与仓储优化

物流企业可以通过结合 BDS 与物流仓储管理系统，及时掌握货物的出入库情况、库存量等信息，实现对货物的实时管理，提高仓储效率。

4．运输安全保障

在运输过程中，物流车辆一旦出现事故或其他异常情况，BDS 的用户终端可以及时发出警报信号，物流企业可以根据 BDS 提供的信息，迅速采取紧急救援措施。

经典案例

用 BDS 打造 24 小时口岸

2023 年，友谊关口岸在 BDS 的助力下实现智慧口岸升级。智慧升级后，友谊关口岸采用基于 BDS 的无人车等，将 BDS 与 5G 等技术融合，使无人车具备全程定位导航功能，并可以在封闭的道路上运输集装箱货物，进而实现口岸 24 小时通关。工作人员介绍：“实现智慧升级后，预计该口岸的无人车日通关量能达到 3 000 辆，加上传统货车的通关量，该口岸日通关总量有望达到 4 000 多辆。”

友谊关口岸实现智慧升级后，将更好地保障中国—东盟跨境物流畅通，助力进出口的发展。

（资料来源：黄令妍、蒋雪林，《广西友谊关口岸通关走向智慧化 中越跨境物流更畅通》，中国新闻网，2023 年 6 月 28 日）

介绍 BDS 的发展历程

1. 任务背景

2020 年 6 月 23 日，随着最后一颗组网卫星成功发射，北斗三号全球卫星导航系统完成全球星座部署；2020 年 7 月 31 日，北斗三号全球卫星导航系统正式建成开通，标志着我国建成独立自主、开放兼容的全球卫星导航系统，成为世界上第三个独立拥有全球卫星导航系统的国家。自 1994 年启动 BDS 工程以来，“北斗人”奏响了一曲大联合、大团结、大协作的交响曲，孕育了“自主创新、开放融合、万众一心、追求卓越”的新时代北斗精神。

2. 实施步骤

（1）学生自由分组，每组 5～6 人，选出 1 名小组长。

（2）小组成员上网搜集与 BDS 发展相关的资料。

（3）小组成员整理所搜集到的资料并制作 PPT。

（4）小组长进行课堂展示。

（5）教师对各小组的表现进行点评。

1. 填空题

（1）__________是指由一组规则排列的条、空组成的符号，可供设备识读，用以表示一定的信息。

（2）__________是指利用电荷耦合器件，对条码进行成像、译码的条码识读设备。

（3）__________是指通过射频信号识别目标对象并获取相关信息的非接触式自动识别技术。

（4）__________是指用于地理空间数据采集、存储、处理、查询、分析、利用和可视化的电子计算机信息系统。

2. 选择题

（1）（　　）必须接触条码才能进行识别，且只能识别指定密度的、打印质量较好的条码。

A. 手持式激光扫描器　　B. 卧式激光扫描器

C. CCD 扫描器　　D. 光笔

（2）下列选项中，（　　）不是 RFID 系统的组成部分。

A. RFID 标签　　B. RFID 读写器　　C. 信号　　D. 中间件

（3）物流企业想要了解某一时期内某地的土地利用情况，可以用到 GIS 的（　　）功能。

A．数据采集功能　　B．数据存储功能

C．空间查询与分析功能　　D．数据利用和可视化功能

（4）GPS 的空间部分是指（　　）。

A．GPS 卫星　　B．地面监控系统

C．GPS 用户终端　　D．卫星导航接收机

（5）BDS 的特点不包括（　　）。

A．与其他卫星导航系统相比，其低轨卫星更多

B．提供多个频点的导航信号

C．创新融合了导航与通信能力

D．空间段采用三种轨道卫星组成的混合星座

3．判断题

（1）手持式激光扫描器识别距离较长，首读率、精确度较高，扫描宽度不受设备开口宽度限制。（　　）

（2）RFID 的识读设备在恶劣环境（如潮湿、阴暗的环境）下仍可以读取数据。（　　）

（3）GPS 是中国研制建设和管理的为用户提供实时三维位置、速度和时间等信息的全球卫星导航系统。（　　）

4．简答题

（1）简述条码技术在物流领域的应用。

（2）简述 RFID 系统的工作原理。

（3）简述 GIS 的组成。

（4）简述 BDS 在物流领域的应用。

进行项目评价，并将评价结果填入表 8-1 中。

表 8-1　项目评价表

<table>
<tr><td>班级</td><td></td><td>姓名</td><td></td><td>学号</td><td colspan="2"></td></tr>
<tr><td rowspan="2">评价项目</td><td colspan="3" rowspan="2">评价内容</td><td rowspan="2">分值</td><td colspan="2">评分</td></tr>
<tr><td>自我评分</td><td>教师评分</td></tr>
<tr><td rowspan="5">知识
（40%）</td><td colspan="3">条码技术与设备</td><td>10</td><td></td><td></td></tr>
<tr><td colspan="3">RFID 技术与 RFID 系统</td><td>15</td><td></td><td></td></tr>
<tr><td colspan="3">GIS</td><td>5</td><td></td><td></td></tr>
<tr><td colspan="3">GPS</td><td>5</td><td></td><td></td></tr>
<tr><td colspan="3">BDS</td><td>5</td><td></td><td></td></tr>
<tr><td rowspan="3">技能
（40%）</td><td colspan="3">清楚各种物流信息技术在物流领域的应用</td><td>15</td><td></td><td></td></tr>
<tr><td colspan="3">能够顺利完成辩论活动</td><td>10</td><td></td><td></td></tr>
<tr><td colspan="3">能够搜集相关资料并做好 PPT</td><td>15</td><td></td><td></td></tr>
<tr><td rowspan="3">素养
（20%）</td><td colspan="3">学习态度良好，遵守课堂纪律</td><td>10</td><td></td><td></td></tr>
<tr><td colspan="3">具有合作共赢意识</td><td>5</td><td></td><td></td></tr>
<tr><td colspan="3">体会北斗精神的内涵，增强民族自信心</td><td>5</td><td></td><td></td></tr>
<tr><td colspan="4">合计</td><td>100</td><td></td><td></td></tr>
<tr><td colspan="4">总分（自我评分×40%+教师评分×60%）</td><td colspan="3"></td></tr>
<tr><td>自我评价</td><td colspan="6"></td></tr>
<tr><td>教师评价</td><td colspan="6"></td></tr>
</table>

参考文献

[1] 魏学将，王猛，李文锋．智慧物流信息技术与应用［M］．北京：机械工业出版社，2023.

[2] 张广敬，张龙枝．物流设施与设备：活页版［M］．苏州：苏州大学出版社，2022.

[3] 杨扬．物流设施与设备［M］．北京：电子工业出版社，2022.

[4] 蒋亮．物流设施与设备［M］．2 版．北京：清华大学出版社，2021.

[5] 王猛，魏学将，张庆英．智慧物流装备与应用［M］．北京：机械工业出版社，2021.

[6] 冯国壁，邓亦涛．物流设施与设备［M］．北京：北京理工大学出版社，2021.

[7] 邹霞．智能物流设施与设备［M］．北京：电子工业出版社，2020.

[8] 赵宁，徐子奇，宓为建．集装箱码头数字化营运管理［M］．2 版．上海：上海科学技术出版社，2019.

[9] 蒋祖星．物流设施与设备［M］．4 版．北京：机械工业出版社，2016.

[10] 王雅华，朱晓燕．物流设施与设备［M］．2 版．北京：清华大学出版社，2018.